11-1

くらしの形見

11-2

くらしの形見

11-3

くらしの形見

11-4

くらしの形見

11-5

くらしの形見

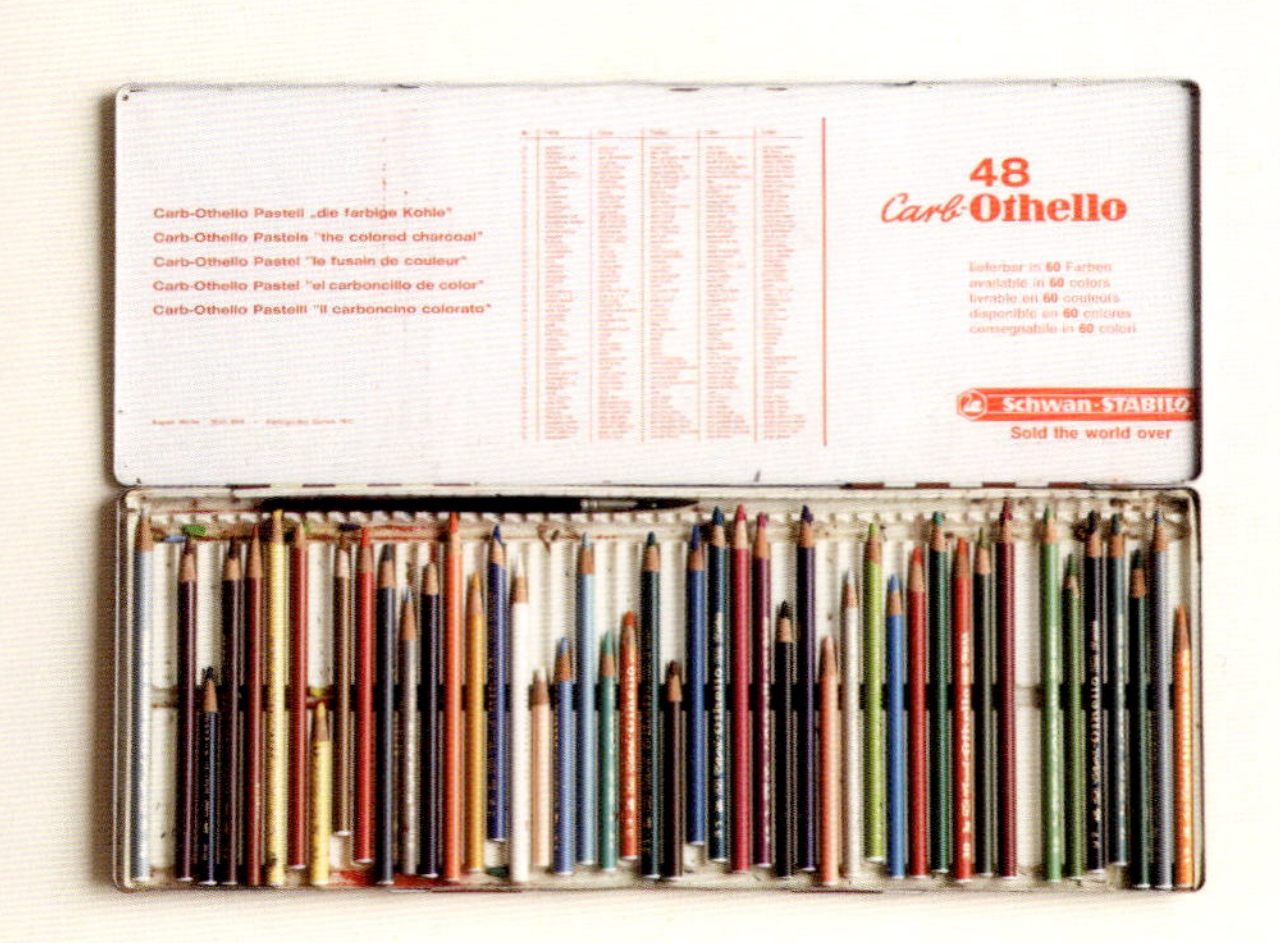
Carb-Othello Pastell „die farbige Kohle"
Carb-Othello Pastels "the colored charcoal"
Carb-Othello Pastel "le fusain de couleur"
Carb-Othello Pastel "el carboncillo de color"
Carb-Othello Pastelli "il carboncino colorato"
48
Carb-Othello
lieferbar in 60 Farben
available in 60 colors
livrable en 60 couleurs
disponible en 60 colores
consegnabile in 60 colori
Schwan-STABILO
Sold the world over

11-7

くらしの形見

11-8

くらしの形見

杉浦日向子

MUJI BOOKS

くらしの形見 | #11 杉浦日向子

杉浦日向子がたいせつにした物には、
こんな逸話がありました。

11−1 | **キモノ**
20代の頃、呉服店を営んでいた父に仕立ててもらった
江戸更紗。人目を引くうぐいす色の八掛が印象的。

11−2 | **グラッパグラス**
軽さと優雅さに惚れ込み、非売品を拝み倒して手に入れた一品。
他人には指いっぽん触れさせないほどたいせつにしていました。

11−3 | **手づくりの落語テープ**
古今亭志ん生の落語が大好きでした。自分で購入したレコードから
録音した自作の落語テープを聴きながら仕事をしていました。

11−4 | **桃太郎の土人形**
埼玉・長瀞にある酒屋のご主人が趣味でつくっていた土人形。
独特な作風が気に入って、訪れるたびに買っていました。

11−5 | **イタリアの石ころ**
石が好きでシチリア島・タオルミーナの海岸から持ち帰った
石ころ。平たい石より、丸みのある石が好きでした。

11−6 | **ドイツの色鉛筆**
ずっと欲しかったドイツの筆記具メーカー・スタビロ社製。
この48色の色鉛筆を、いつも嬉しそうに使っていました。

11−7 | **鳥の柄の万年筆**
手紙を書くときはこの万年筆を使用しました。種類を問わず
「鳥」が好きで、胴軸にはペリカンの模様が彫金されています。

11−8 | **自作のトーテムポール**
木の端材に、顔を描いてつくったトーテムポール。元々は、
カメラマンの兄が写真スタジオで使っていたテーブルの脚でした。

撮影 | 永禮 賢

目次

HINAKO 0

図版番号は、一五四ページの「逆引き図像解説」をご参照ください。

杉浦日向子の言葉

江戸は手強い。が、惚れたら地獄、だ。

「うつくしく、やさしく、おろかなり」一九九三年呑んで酔わないなんて、酒に失礼だ。
酒の神様の罰が当たる。

「おいしいお酒、ありがとう」 二〇〇三年年齢、身長、体重、スリーサイズ。
それらは、十の単位で認知していれば
十分なことで、
それなりに安定していればＯＫのはずだ。
わたしたちが持つ、
命の力は、
たぶん数字では測れない。

「体に悪い数字」二〇〇四年

はだかんぼ、っていい。
一糸まとわぬすっぽんぽん。
いいよなあ。
なんか、いきものって感じる。

「久しぶりに銭湯は、いかが」二〇〇三年

HINAKO
1

実用外の贅沢、すなわち、
「無用の贅」こそが、粋の本質です。

「無能の人々」一九九一年

江戸っ子好みはカラッとした快活なユーモア。
相手をバカにしたり、
自分を卑下するような笑いは
下品とされ、嫌われます。
上等な笑いとは、スコーンと突き抜けた、茶の笑い。
お茶目、茶化す、茶々を入れるなどの「茶」です。
緊張をふっと抜く笑いが
人付き合いを円満にしました。

「江戸言葉」一九九八年

新吉原

新吉原
竹村伊勢
新吉原
竹村伊勢
新吉原
HINAKO
2

仕事を労働とは思わず、
道楽ととらえること。

「田中優子の平成問答　杉浦日向子×田中優子」一九九八年

両親にうるさく言われたのは蕎麦の食べっぷりです。
蒸籠の上に一本も残すな。
三分の一以上は、つゆにつけるな。
一味と七味があったら、まずは一味からかけろ、
七味から使うなんて野暮だ、と。

「江戸言葉」一九九八年

内田百閒みたいな頑固爺というか。
頑固爺、大好きです。

「『文庫』の大航海。杉浦日向子×佐高信」一九九一年

ザクッ

ぐっ

ザクッ

HINAKO
3

「多忙」を誇示する現代と、
「閑雅」を標榜する江戸。
たまには小半刻、
雲をながめて現代人をサボるのも、
オツなものです。

「江戸の、時間感覚・金銭感覚」年不明

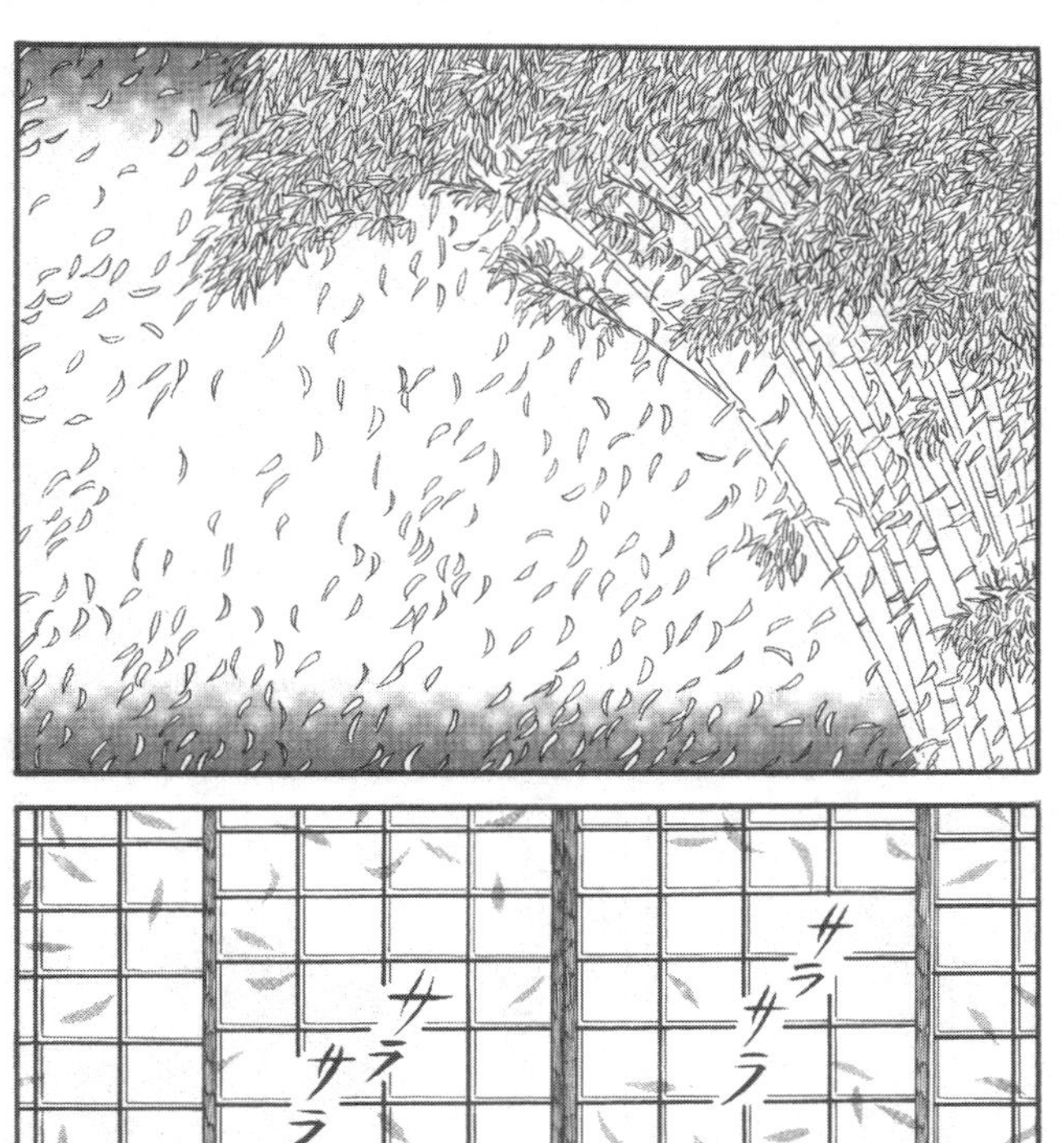

サラサラ
サラサラ

HINAKO
4

けだし、恋愛と酒は、手間をかけた方が面白い。

「饗の七　新潟関川村『上関共同浴場』」一九九八年

町というのは建物とか道ではなくて人なんですよ。
住んでいる人でその町の色ができてくる。
江戸はまさにその例ですね。

「お江戸八百八町の心意気　杉浦日向子×高橋克彦」　一九九一年

江戸では、本当の恋愛が始まるのは
四十過ぎだと言われていました。
「色事は、四十からがおもしろい」
という言葉があるくらいです。

「色事は、四十からがおもしろい　杉浦日向子×北方謙三」　一九九一年

にくらしい
……

HINAKO
5

もっと、ずっとシンプルに
暮らせるはずなのに、
なんでこんなに、
生活を武装するほど
モノを持たなければ
ならなくなったのでしょうか。

「農業と暮らし　無駄なく豊かで合理的」一九九九年

日々のくらしの嗜みが不足している。
そりゃ道理。
今時の人は賢くなっちゃって、
嗜まないでも生活に差し障りないから、
無駄に嗜まない。
無駄を省けば誉められる世の中だから、
嗜みなんざ真っ先に省かれちゃう。

「東京浅草『蛇骨湯』」　一九九八年

ああ非道い雪だ。

大男は

ゆっくり
振り向くと
手招きをした。

今、わがままという言葉は、
非常にネガティブな言葉としてとらえられておりますけれども、
江戸っ子たちは非常にわがままに生きていたようです。
つまり、わがまま、私のまま、等身大の暮らしということです。
隣の人の暮らしをうらやましがらない。
おれはこれでいいんだというような腹のすえ方、
腹のくくり方といいますか、そういう暮らし方が
シンプルライフにあらわれているような気がします。

「江戸のシンプルライフ」　一九九五年

大相撲は、物心つく前から毎場所見て来た。
親父の顔よりも先に、柏戸の顔を覚え、
チューリップのお遊戯のフリ付けよりも早く、
雲龍、不知火型の土俵入りを湯屋の脱衣場で真似し、
「電車道の寄り切り勝ち」を、
不二家のイチゴ・ショートよりも喜んだガキだった。

「レモンの土俵篇」一九九六年

江戸は二百六十年の間、ほとんど、何もなかったスカスカの時代でした。
教科書の年表で見ても、江戸の所は白けて見えます。
「無事これ名馬」の伝でいくと、
こんなに良い時代はなかったんじゃないかと思われます。
無名の糞袋がその日を暮らしているスカスカの江戸は、
たまらなく魅力的です。

「スカスカの江戸」一九八七年

あ…
たまや

HINAKO
7

江戸と私の怪しいカンケー

「江戸のどこに魅(ひ)かれましたか」の質問には、いつも四苦八苦します。

自分でもよくわからないところに魅かれているというのが、正直な答えで、よくわかってしまえば、魅かれることも、なくなってしまうように思うのです。

先日、テレビで、朝潮関のフィアンセとなった可憐なお嬢さんが、記者から何度も「大関のどこに魅かれましたか」と聞かれ、少し首を傾け、困ったような笑顔を見せながら、言葉を選んでいらっしゃる様子が、とても印象深かったです。

これさえ出せば、誰もが納得の行く、「水戸黄門の印籠」のようなセリフがあれば良いのですが、とはいえ、それでは商品宣伝のコピーのようで、やっぱり後ろめたい感じがすると思います。

結局、いつも行きあたりばったりの照れ笑いで出まかせをくっちゃべり、夕食を食べ終わって、お茶でも飲むころ「あーあ」とタメ息が出てしまいます。——そんなんじゃないけど、まあ、いいかぁ。……なんだか、行くつもりだった場所がわからなくなってウロウロして帰ってきたような、無駄な疲労感が、足元からじーんと上ってきます。

このもどかしさが、ずうっと続くのかと思うと、なんで江戸なんかに関わっちゃったんだろうと因縁を感じずにはいられません。

などと字を連ねると、シブイ顔でホオづえをついて中空を見るともなくながめている姿が浮かんできそうですが、当人は堅焼きせんべい片手に、部屋中にショウ油の匂いをまき散らしながら、あぐらをかき、時々テレビを見つつ、原稿を書いているんです。机の上にはケシゴムカスとセンベイカスが渾然一体となっています。寝たあとにゴキブリが食べに来るんだろうなぁとか、脳天にひびくせんべいの音を削岩機のようだとか、歯の圧力は何キログラムくらいあるんだろうとか、ロクなこたァ考えません。

さてと。ともあれ、コレしか取り柄がないのですから、江戸の話などを、少

HINAKO
9

し、書くことにします。

私が「江戸」と言った場合、江戸時代の江戸という町を指しています。そして、それは、おおむね十八世紀以降、つまり浅間山の大噴火とか、天明のきさんとか、田沼ワイロ政治とかのころから、幕末・明治までの期間になります。

ここでまた「なぜ」などと聞かないでください。たぶん縁があったのでしょう。ソウとしか思えません。

私のイメージの中の「江戸」と、実際に百年二百年前には存在した「江戸」との間に、どれほどのへだたりがあるかは、わかりません。ただ、イメージというには、あまりに明確に、細部までを感じることができるのです。たとえば、ずっと住んでいたことのある土地を思い出すような感覚に似ていて、教科書とかの歴史とは別物です。

――講釈師　見て来たような　嘘をつき、という川柳があります。このテかもしれません。自分では、モチロン、ウソとか創作とか思ってないわけなんですが。

それで、人と江戸の話をしているときに「それはまったくそのとおりです」とか「いいえ、ちがいます」とか、キッパリ言い切ってしまうことがあり、相手の方はチョットびっくりして、そんなときは、お互いエッという感じで目線など が合ったりしまして、ヒジョーにバツの悪い思いをします。

この妙な自信のようなものは、自分でも気持ち悪いくらいです。

仕事場の壁には、安政六年の江戸大絵図がバーンと貼ってあります。これは「別冊太陽」のフロクなんですが、トテモ気に入っていて、毎日ながめています。なんだか、ランドサットで撮った江戸の市街図のようで、どんどん拡大していけば、町並が見えてくるような気がします。そんなふうにして、よく江戸絵図の上で散歩をします。

散歩といえば、最近、実生活においても散歩に開眼をしまして、歩く速度が身についてから、なおのこと、江戸が身近に感じられるようになったみたいです。

では、江戸絵図の散歩、ひとつご案内申しましょう。

折も折ですから、風流に虫でも聴きに行きますか。

スタートは基本で日本橋。場所は向島が良ござんしょう。

日本橋から猪牙舟（ちょきぶね）で大川（隅田川）へ出て新大橋、両国橋と上ってもらって吾妻橋の東岸で降ります。ここからはブラブラ歩きとまいりましょう。

え、右手の立派なヘイはお寺か？　イエ、お大名の下屋敷です。この辺は風雅な地ですから……ごらんなさい、先の黒い煙、火事なもんですか、瓦を焼いてんです。つうーっと上った煙が、途中で横へ折れるところを見ると、あの辺が天井でしょうかねえ。

ホラこの小さな橋、すぐ先にも同じように並んでるでしょう、二つ枕を並べたようだてえんで、枕橋、色っぽいじゃねえですか。

先のお屋敷、あれ、あの黒い森が全部ソウですよ、あれが水戸様のお屋敷。豪勢なもんですな。

さ、土手へあがりましょう。川風がじつに爽やかだ。向うッ岸の大屋根と五重の塔、浅草の観音さん、言われなくたッてわかってる？　その左手奥にずーっと棟が行儀良く並んでる、屋根に天水桶が乗って……桶の横っちょの房楊子みたいなのはホウキですよ、ソレがどうしたって、あすこが吉原でさあ。

ハハッ、飛んで行きたい？　まずまず、またの機会に。

左、土手下の赤い鳥居、歌舞伎(しばい)によく出る三囲(みめぐり)稲荷、この先に長命寺さん。

桜餅？　さすがご存じで。

さあ、パッとひらけました。田んぼばかりだ？　コウして重く穂をたれた稲は見るだけでも縁起のいいもんで。左側、おもしろい木が色々あります。こいつァみんな植木屋ので、このあたりゃ植木屋の町でさあ。

ああ、白鬚(しらひげ)さんが見えてきた。あのこんもりしたとこです、疲れましたか、そこを右に折れりゃじきです。

やれやれ、着きました、新梅屋敷。梅屋敷ったって、そればかりじゃありません。四季百花の楽しみがあるというので百花園とも呼びならわしてます。

どうです、秋の七草が、薄紫の宵に映えて、オツなものでございます。

え？　少しだまって、虫の声で一献……名案ですな、では、ひとつ……………………（この間虫の声）……………なにか落し物ですか、なにをソワソワモソモソと……蚊がひどい？　そりゃまあ、もともと蚊の住家に私共があがり込んでる訳ですから仕方ありません。またこの蚊てえ奴は、不思議と酒が好きで、一杯やってると、多勢連れ立って来るもんです。え？　風流とはカユイもんだ？　まったくで……どうです、帰りに広小路で鴨でもつつきながら、ナニちょいと喰わせる店があるんです。はじめからそっちが良かった？　それは言いっこなしでさあ。

と。ここで顔見合わせてアッハッハッと高笑いしてしまうと「伝七捕物帖」か「桃太郎侍」になってしまうので、二人、腕や首すじをポリポリとかきながら歩き出す、と行きたいですね。

なお、この江戸弁は正確ではありません。

「銀座百点」一九八五年

江戸のくらしとみち

「江戸」の上と下に「入」と「口」という字をつけると、町としての江戸の地形が見えてきます。「入り江の戸口」、つまり内海（湾）を抱え込む様に展開している町という意味です。この場合の江戸は、時代区分ではなく、地名そのものとなります。

時代区分の江戸は一口に「大江戸三百年」と申しますが、吉宗から化政期の、十一代将軍家斉まで、その間が江戸の町が最も充実しておもしろくなってきます。このおよそ七十年間に生まれたのが、江戸歌舞伎、江戸大相撲、江戸戯作（大衆文学）、落語、江戸小唄、端唄、歌舞音曲、江戸川柳、狂歌、浮世絵。私たちが思いつく、江戸の文化だなと思えるものがこの期間に次々に生まれました。「江戸前」という言葉もこの時代に生まれました。

三百年間の前半は、江戸の町の基礎づくりで、文化を育むゆとりがなかったわけなのです。元禄時代に華やかだったのは江戸ではなく上方でした。京都、大坂、この二大都市が日本全体の文化のイニシアチブを独占しており、元禄期の江戸は坂東の片田舎でしかなく、上方から入ってくる文化のすべてをありがたがってせっせとコピーしていました。「下りものにあらずば、よいものではない」と言われました。そして吉宗以降から化政期に至るあたりで、ようやく都市としての自覚も出てきて、自分たちの本当に欲する文化を自らの手でつくり上げていこうという気運が芽生えてくるのです。そして江戸らしい町並み、江戸らしい暮らしが確立、やっと江戸のオリジナルが登場してきます。

江戸では人口の約半数が武士、その残りが一般の町人ということになりますが、町人のうちのほとんどは地方から江戸に稼ぎに出てきている人々です。根っからの地元っ子というのは全体の五パーセントにすぎなかった。今の東京と似たパーセンテージかと思います。全国各地から人が流入してきて、新しい町づくりをしようという活気に満ちたエキサイティングな町が、江戸だったのです。

それまで日本をリードしてきた京都や大坂は江戸よりずっと古い都です。京都などは一千年もの王城の地、江戸はまだ生まれたばっかりの新興都市ということで、だいぶ気質が違います。京都は王朝文化で、大坂は豪商の文化。どちらも特権階級が文化を独占していました。江戸はその逆という世界的にも希有なタイプの文化の伝播の仕方をしました。つまり江戸にきてやっと庶民の時代が到来したということが言えます。歌舞伎、寄席、相撲、浮世絵、俳句、川柳、音曲舞踊、そして和食の代表格、てんぷら、すし、ウナギ、そしてそば、それらは江戸前の四天王と言われ、すべて庶民の創造物でした。庶民の側からの要求、要望が具体化し、しかも文化にまで昇華した、本当にまれなケースです。

京都は貴族が、そして大坂は豪商がトップにいた。江戸でトップにいたのはもちろん武士ですが、武士が表立って庶民階級の文化に口出しをする場面はなく、武士の社会と庶民の社会というきっちりと分かれた二層の社会というイ

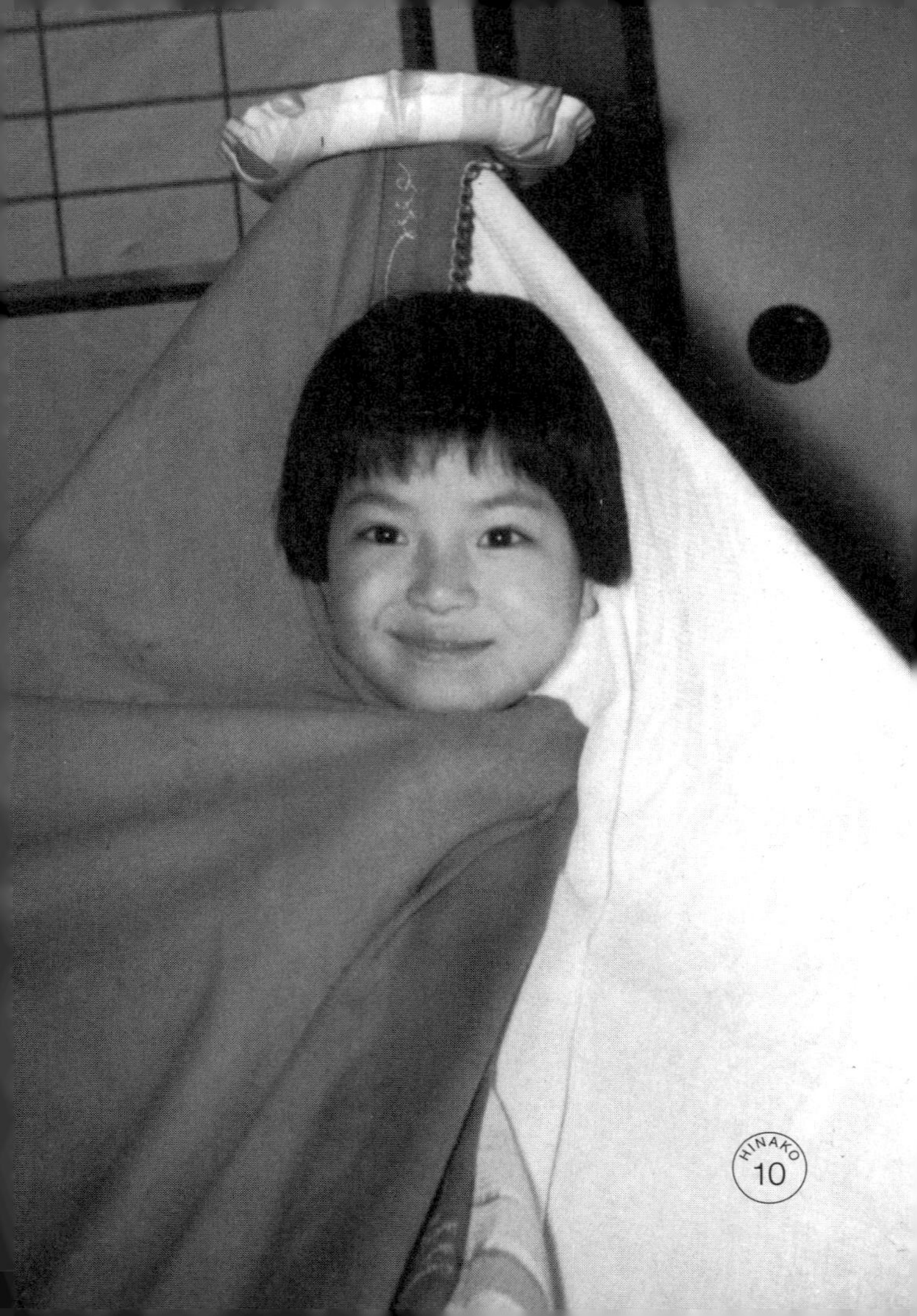
HINAKO
10

メージをもっていただいた方がいいでしょう。その中で江戸っ子らしい、きっぷのいい、物事にはこだわらない、宵越しの銭は持たねぇというような気質——江戸っ子かたぎを形づくっていったのが、職人衆の価値観でした。江戸は職人の町でした。

江戸は人口の半分が武士です。武士はものを生産しない消費人口ですから、二人に一人がお客さんという江戸ならではの「おてんとうさまと米の飯はついて回る」、こういう職人の豪語が生まれるわけです。つまり江戸にさえいれば、職にあぶれることはない、おまんまの食いっぱぐれはない、こういう豊かな町ということが、この言葉に象徴されます。そして江戸の職人衆の技術がぐんぐんぬきんでてよくなったのは、武士が多数いたからでした。武士は、自分の家格に合った振る舞いと、家格に合ったこしらえをしていないといけません。つまり着物も刀も、装身具の全部が、その家格にマッチしたものでなくてはいけない。武士がいたがために、ランクに即した細かい面倒な注文にこたえる、そのための技術が目ざましい進歩を遂げていくということでした。
ヨーロッパなどの文明国では、戦争が文化をはじけさせるきっかけとなっています。ところが江戸という時代は長い長い泰平の中で独自の文化を磨き、熟成させていった、これも非常に珍しいケースです。人口が三千万人もいて、高度な文明をもち、それなのに二百五十年もの間内乱もなく、外から攻められもせず、またみずから攻めて行きもせず、平和を保てた。こうした平和の中に育まれた文化というのが江戸文化の特色でもあります。

二百五十年間の平和、なぜそれが維持できたのか、それは低成長で長期安定、具体的にいいますと、過剰生産、余剰在庫が無かったということです。すべての商品は注文生産が基本です。つまり決められた枠の中で全部のやりくりをしていかなくてはいけないという自給自足の時代でした。獲得する領地がないということは、資源を枯渇させないようなつつましい暮らしぶりでなくてはならなかったわけなのです。

江戸の二百六十四年間を通して日本人がやっていたことは、衣食住のすべてが八分目という暮らしです。足りない二分はどうするのか、これを毎日、日々工夫してやりくりしていくのです。よそから借りるか、他のもので代用するか、その場は我慢するのいずれか。そして生ごみや生活排水は、ほとんどゼロでした。

前半の五十年間の幕府が一所懸命やったのが街道の整備でした。多額の年貢が国土復興のために投入されました。江戸の前の時代は打ち続く戦乱で国土がボロボロになっていたからです。この時、民・百姓のみが疲弊して音を上げていたのではなくて、国民全体がいま我慢してこの国土を何とかしなくては国は滅びてしまうという危機感でいっぱいの時代だったのです。官・民手を携えて歯を食いしばった時代がこの苦しかった五十年間でした。街道の次は、水辺を整えました。地上の道は人々が行き交う情報の道、水の道は商品の流通をスムーズにさせる水運の道として整備しました。江戸時代の商品のほとんどが船

HINAKO
11

便によって運ばれており、当時の江戸の町はベニスと並ぶぐらいの水の都でした。水路造りに加えて、護岸工事もしました。守り育てた町も文化も、一夜の雨で流し去ってしまう水害に危機感をもちました。そして川にはたくさんの橋もかけました。

四代将軍家綱のころの明暦の大火は、十万人が被災するという大惨事で江戸城の天守閣も焼失しました。天守閣を再建するよりは、災害に強い町づくりをするための費用に投じようという計画を立てました。家綱から吉宗に至る八十年間かけてそれは継承され、八代将軍吉宗のときに江戸の防災都市計画がほぼ完成しました。つまり四代家綱のころに、これから二百年も泰平の時代が続くという予感を得ていたのが非常に不思議でもあり、また大変な英断であったと思わざるを得ません。そして江戸という美しい新興都市が整備されていきました。

ギョウニン偏の「径（ミチ）」は小ミチを指します。小ミチ、近ミチ、横ミチ、あるいは袋小路。つまりそこには、たたずむという意味が含まれていますから、目的地に到達しない袋小路のようなものも、このミチの観念に入ることになります。「行（ギョウ）」は、もともと四つ辻の象形文字がこういうふうに変わっていったものです。この偏のついたミチは主に自然発生的にミチになってしまったものです。「獣径（ケモノミチ）」というのも、この字を使います。「道路」の「路」、このミチもあります。足と各（いたる）ですから、歩いて目的地にたどり着くミチ。目当ての地に行く筋という意味になってまいります。

このミチに近いのが、京都の四条や三条、五条といった「条」という字です。「條」の略ですが、これを分解すると、「条」とは細長い枝分かれした道筋を指します。これは先ほどの「径」、小ミチのように自然発生的にできた細ミチよりも幾分整理されたミチです。幾筋も通っているような細いミチは、「条（ジョウ）」の他に「小路（コウジ）」、「筋（キン、スジ）」という呼び方となります。

おしまいに「道路」の「道」。これは特別なミチなのです。「道路」の「道」

というミチは、自然発生ではできません。もともと人々が行き交っていた細い筋ミチだったのかもしれませんが、後に大々的に人の手が加えられ整備されていった、あるいは整えることによって大きな役割を担わせたというミチです。つまり五街道は全部この「道」です。大変大きな意味のあるミチでして、足で行くという意味がシンニョウにまずあります。そして〝首〟があるわけは、特別儀式的な、公的な、公用の道を示しています。私用ではなく、公の益のために古(いにしえ)には奴隷の首を捧げたという重要なミチです。ですからこの「道」をつかうときには「公道」です。

最初の「径」と書いたミチに一番近いのが路地です。庶民にとっては外廊下に近い感覚です。つまりごく私的な空間で、そこに縁台を出して将棋に打ち興じたり、子供らが駆けっこをして遊んだり、あるいは家に置き切れない道具類を出したり。何をどうしようが、路地においてはお上は目をつぶりました。路地は庶民のコミュニケーションの空間であったのです。

路地から一つ出て表通りにいきます。表通りといいますのはどちらかというと公道に限りなく近い方ですからかなり規制が付加されてきます。立ち話をしたり、たばこを吸ったり、荷物をそこにちょっと置いたり、そういうことは厳禁、罰金の対象になりました。つまり表通りは、スムーズに目的地から目的地に滞りなく進むべきミチであって、たどり着くためのミチです。先ほどの「道路」の「路」に一番近い用法です。また、武士は公用で裏道を通れません。旗本などを一騎、二騎と数えるように、武士は戦闘要員であり、「騎」とは、現代の戦場で言えば戦車の役割ですから、戦車が私道を通れないように表通りだけ歩いてゆきなさいということでした。

江戸の道では非常時以外は走ることが禁じられていました。歩く速度以上はスピード違反となります。船便を含むすべての物流も歩くスピードで流れていました。馬もです。馬に荷を乗せて、馬子さんが馬の口をとって歩くからです。馬を走らせますと、イコール有事。どこかで内乱が勃発した、戦が起こった、これにほかならないのです。歩く速度が移動の基本という……、私たちから見ると非常に信じがたい江戸の常識です。

路地には木戸がありまして、朝の六時頃にあき、夜の十時頃に閉められました。その脇には小屋があり、その木戸の開閉を行うことにより町の治安が保たれました。そしてその木戸の維持と木戸番のお給料は町入用（町内会費）によって賄われました。つまり町の治安は町衆の身銭でとり行われていた部分が多く、すべてを行政が関与していたのではないのです。非常に誇り高き市民意識です。道が凸凹（でこぼこ）だったりすると、やはりその町入用を当てて補修しました。これが江戸の町衆の心意気でした。そしてその町入用を納めているのが、表通りにお店（たな）を構える、高額納税者だったのです。自主的に町入用に積み立てていきました。納税の義務のない裏長屋に住む住人は町入用の義務もありませんでした。気楽なもんですね。つまり江戸の町がきれいに保たれていたのは、百万都市江戸で手広いあきないをしていた大商人たちのおかげでもあったわけなんです。

HINAKO
12

江戸はチープガバメントで、町人の富に頼る、それと自分たちでやろうという積極性に頼らざるを得なかったようです。政府の方では四割ぐらいのガイドラインを引いて、四割ぐらいのお金を出します。残り六割はそっちで何とか都合してくれと、げたを預ける形が、江戸の二百年以上にわたる官と民のあり方であったようです。いま考えるととても考えられないぐらいの成熟した市民意識、市民感覚を庶民たちがもっていたというエピソードになります。

大都市である江戸が二百五十年間の泰平を保つ事ができた価値観を示すキーワードは「持たず」、「急がず」、この二つの言葉だけです。「持たず」には二つの意味があります。一つは物を持たない。衣食住の家財道具をすべてスリム化する。たんすの肥やしをなくする、残飯をなくする、そして住まいもコンパクトにまとめる。年に何回かしか使わないような客間や応接間は必要ないとする、こういうようなスリム化が長屋です。それからもう一つの持たないは、コンプレックスです。他人をうらやむ、ひがむ、そういったコンプレックスを持たずに、自分は自分という自信を持って日々を暮らせば、せちがらくない。そういうことが大切なのです。

次の「急がず」、これも二つあります。一つの急がずは、仕事を急がない。せっかちな江戸っ子らしからぬことですが、江戸は職人の町ですから、彼らはコンプレックスは持ちませんでしたが、プライドはしっかり持っていました。職人かたぎというプライドです。つまり急げば三日早く仕上がる仕事は、逆に三日延ばして丁寧にやる、こういう気持ちが職人のプライドであり、誇りなんですね。そしてもう一つは、人づきあいです。諸国の吹きだまりである寄り合い所帯の江戸では、人とのつきあいを、細やかに手を抜かず、急がずやっていかないと、支えあってこそ成り立つ共同体の中ではつまはじきになってしまう。

二つの持たないと二つの急がない。これを江戸だけではなく、三千万人がほぼ実践できたからこそ、平和を守れたのではないか。長い低成長だけれども心豊かな時間をもてたというふうに考えます。（談）

「道路と自然」一九九七年

江戸前の恋愛学

恋の手綱は女が握り、男はひたすら努力する。

情よりも想像力の「色」の道。

江戸っ子の美学　江戸の「粋」は「息」に通じる

こんばんは。江戸前の講義の四回目、最後は男女のことについて、ちょっとお話ししたいと思います。

その前に、江戸と言えばはずすことのできないことを、お話ししておきます。

この「粋」という字を、江戸では「イキ」と読み、上方（かみがた）では「スイ」と読むんです。おんなじじゃないかと思われるかもしれませんが、全然違うんですね。

「粋（イキ）」と「粋（スイ）」。

「イキ」には、いろいろ当て字があるんですけれども、まず、意見の「意」に気持ちの「気」。「意気地」を張るとか、つっぱりの感じが「意気」です。ちょっと着崩した感じとか、不良っぽいのが「いきだね」という場合は、この「意気」を書きます。

それから、「好む風」。「好い風」と書いても「好風」と読みます。さわやかな感じがする、見た目がすがすがしい、「ちょっと感じがいいね」という場合に、この「好風」を書くんです。

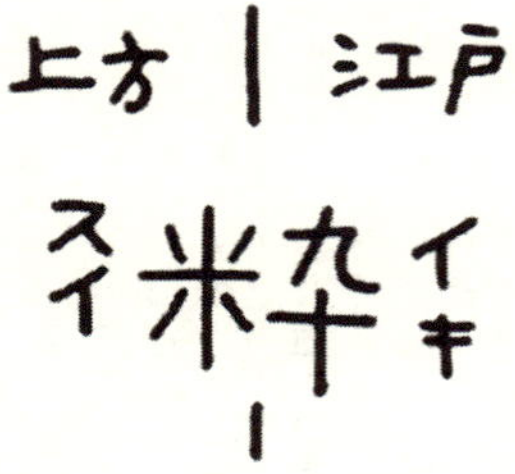

で、これとはちょっと観念が違うんですけど、「通る」と書いて「通」と読ませる場合もあります。これは、情報に通じている、いろんなことを如才なく知っているので「いきだね」という場合、これを使います。

これに対して、上方の「スイ」は、割とこの「粋」の字一つのようです。

上方｜江戸

スイ　粋　イキ

で、実はこの「粋（イキ）」というのは、呼吸の「息」に通じるんです。ということは、上方の「粋（スイ）」は、「吸う」に通じます。上方の「粋（スイ）」は、身の回りのあらゆるものを自分の身の内に取り込んで、血肉として自分を磨いてゆく。いろいろ習い事をしたり、情報を集めたり、教わったり教えたりという、人の間でもまれて身の内に吸収して、「粋（スイ）」になっていく。おしゃれにしてもそうです。白粉（おしろい）を塗る、紅（べに）を重ねる、着物を重ねるというふうに、どんどん載せていく、プラスの美学なんです。

　これが「粋（イキ）」になると、マイナスの美学ということになります。さきほど、「粋（イキ）」は「息」だといいましたが、呼吸は吐いたときに「息」になるんです。吸っているときにはただの空気で、それが人の体の中を通って、吐いたときに息になる。この、身の内から外に出していくというのが、江戸の「粋（イキ）」なんです。こそぎ落としていく、背負い込まない、吐いていく、削除していく、そうやって、ぎりぎりの最低限のところまで削り取っていって、最後に残った骨格のところに、何か一つポッとつけるのが、江戸の「粋（イキ）」なんです。

上方　プラス

江戸　マイナス

吸＝スイ　粋　イキ＝息＝洒落

好風　意気　通

で、骨格まで削ぎ落とすというのが、「洒落」に通じます。「洒落」というのはほとんど江戸の専売特許といっていいような言葉で、上方でも使うには使いますが、もっぱら江戸で盛んに言われることでした。

言葉の洒落、ファッションの洒落、両方のことですが、実は「しゃれこうべ」の「しゃれ」に通じるんです。行き倒れの死体が野ざらしになって、お肉が全部取れて、真っ白な骨になっちゃった、そこまでなるのが「洒落」という

HINAKO
14

ことなんですね。きれいな「舎利骨」となって、さて、そこから何が必要なのか、何をつけたらいいのかを考え直そう――それが江戸の美学の一つであるわけです。プラスじゃない、マイナスの文化というのは、つまり、最低限の元手をいかに生かしていくかというゲームですね。対して上方のプラスは、豊富な材料を、いかにアレンジメントするか、という地道な生活感が核になります。ゲームに近い生き方の感覚が、江戸に発生したということなんです。

男と女の江戸力学　江戸の色恋は女上位

これを前置きとしまして、今日は男女の関係に関する川柳を、いくつか抜き書きしてきました。それをご説明しながら、お話ししようと思います。

江戸においてのいい男、いい女というのは、やはり上方のそれとは違います。上方のいい男というのは、財力があって、男っぷりもいい。今でいう「三高」に近いようなもので、〝完璧〟を目指していました。それに比べて江戸では、ちょっと欠けたところがあるというか、スキのある男がモテたようです。例えば「色男の笑わせ上手」といいます。色男というのは、顔立ちがいいっていうのではなくて、女の子をクスッと笑わせることができる、そういう洒落たジョークを言えるやつというのが、一番モテたんです。

で、江戸のいい女というのは、前に江戸の女の子の誉め言葉は「色女」だと言いましたが、これはどういう女かというと、普通の清純な美人とは、ちょっと違うんです。味があるんですね。嘘が上手なんです。つまり、江戸のいい女＝嘘の上手な女。嘘の上手な女に楽しく上手にダマされるというのが、一番いい恋愛関係で、男女間の至福の関係であるというふうに思われていました。

この、嘘の上手な女の最高峰、頂点にいるのが、吉原の花魁です。花魁は舌先三寸で男性を極楽の果てまで導いてしまうという、女性の鏡のような、江戸の女の達人というポジションにあったんですね。

で、舌先が三寸に足らない江戸の素人娘は「おきゃん」がいいといって、活動的で男の子っぽい、ラフな言葉遣いをするような子がモテました。第三回の

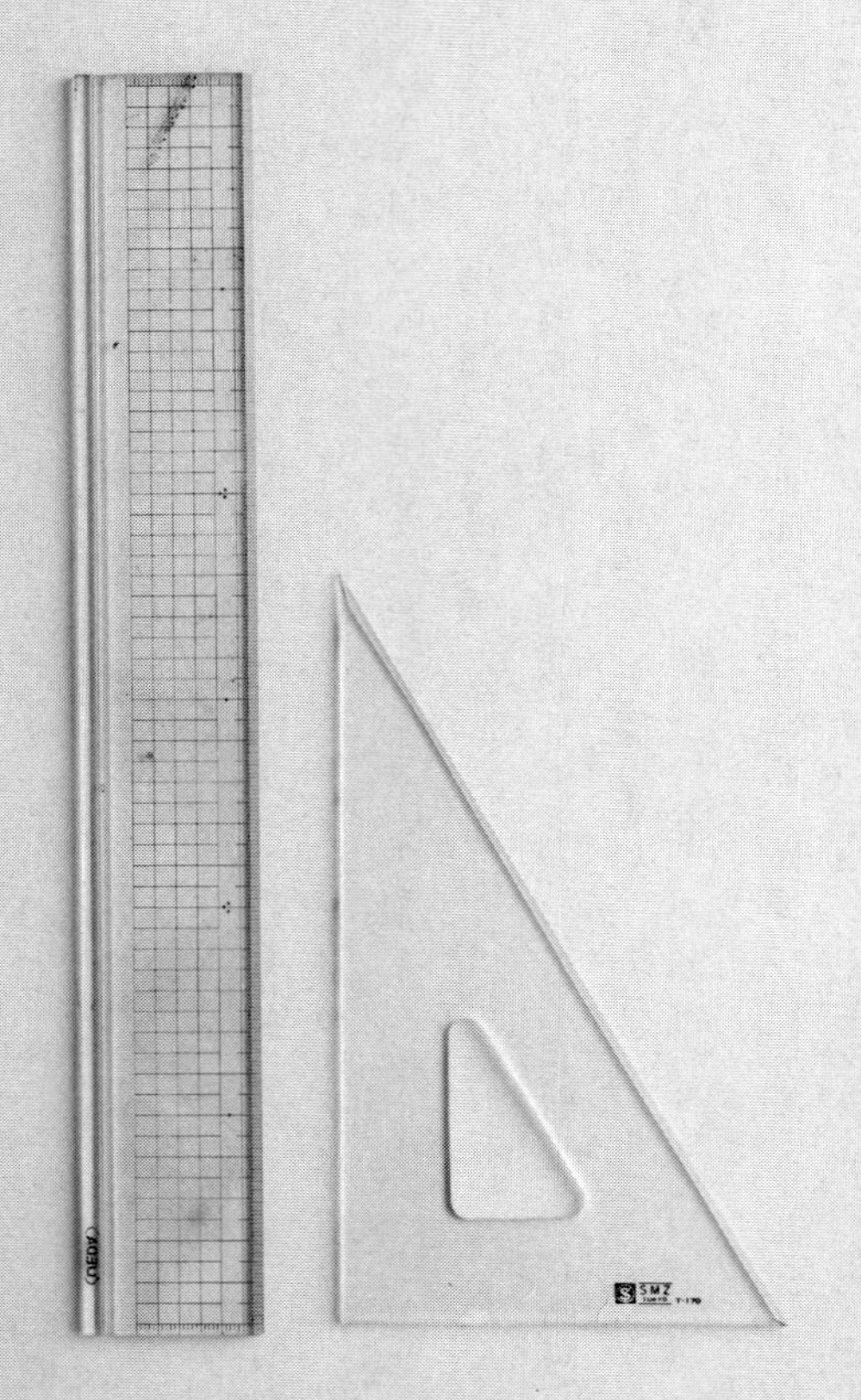
SMZ

HINAKO
15

ときに浮世絵の美人画で見たような、振袖を着た十七、八歳の女の子たちも、自分のことを「俺」って言ってました。「俺あ○○だによー」なんていうしゃべり方をしたりする。「お風呂に入ってくるわね」っていうのを、「俺あ湯ぅつっぺえってくらあ」とか言ってました。そういうおきゃん娘がモテたという、第一句。

息子の不得手地女と孔子なり

孔子は「子のたまわく」の孔子です。ああいうカタイ学問と地女が、不得手である。この「地女」というのが、おきゃん、町娘のことなんです。素人の女をこう呼びましたが、地女は手強いんですね。「娘」という字の女へんを、けものへん（犭）にすると「狼」です。おきゃんな娘は、ちょっとやそっとじゃ手に負えない「狼」なんです。だから、お金を払って、うまくあしらってくれるお姉様、つまり遊女のほうが、ぽっと出の息子さんには扱いやすかったという句です。

次の句もおんなじような内容です。

地女にびれつく息子高が知れ

女の子にびれつく、へつらっているような男の子はたかが知れている、もうちょっと修業を積んでから出直して来い——というようなニュアンスですね。お姉様に手練手管を教わってから、やっと狼に挑むわけです。いきなり狼に向かったんでは、とても太刀打ちできないというのが、当時の少年少女の恋のありようでした。

で、恋愛についていては、少女のうちから結婚までは、ホントに女性のほうがリードしていました。ま、結婚してからも女房どものほうが強いことは強いですが、恋愛における娘のリードというのは、私たちの想像以上に積極的だったようです。で、男の子はといえば、こうした女の子に好かれるために、非常に努力するわけです。

どうしてこんなふうになっているかというと、江戸の初期の頃は、男性の人口が多くて、女性が少なかったんです。まあ、本当のことをいうと、この「狼」の娘が出る頃、江戸中期以降には、男女の人口は半々ぐらいにはなっていました。ただ、一部の裕福な階級が複数の女性を独占してしまいますから、下々のほうまでまわってこない。だから、普通の家庭の坊ちゃんに似合うようなガールフレンドは、なかなかいない。技術系の学校の、五十人くらいのクラスの中に二、三人の女の子しかいなくて、ほかはみんな男の子というような構成に近いですね。ですから、男の子は女の子に気に入られるために、さまざまな工夫をしました。

浮世絵で見たようなツルツル男も、女の子に好かれようという努力の一端でした。髭なども、剃刀で剃ったんでは、夕方になると、伸びてきちゃってチクチクする。頬ずりなんかすると女の子に痛いって言われるんで、抜くんです。朝起きると、まず髭を一本一本毛抜きで抜いてから出かけていきます。髭は、抜けば丸一日十分もちますから、女の子に頬ずりしても嫌われない。すね毛やなんかも、濃いのは嫌われます。今みたいに、グルグルって撫でて「アリさん」なんて言って遊んでくれる人はいなかったもんですから（笑）、一所懸命抜いたようです。

HINAKO
16

あと、ビキニライン。いまは女性がハイレグの水着を着るときにビキニラインを除毛しますが、当時の男の子は、褌なんです。で、江戸の男の子たちは、威勢のいいところを見せるために、「尻っぱしょり」というのをします。「ケツまくっちまえ」という啖呵がありますけれど、本当に着物のお尻をまくる。何か、パッとしたところを見せるときに、臀部を露出する場面が多かったんですね。または胡座をかくとき。そういったときに、ビキニラインをきれいにしておかないとちょっと恥ずかしいということで、男の子たちが除毛しました。

どういうふうにするかというと、毛切り石というのがあるんです。重い石と軽い石、軽重の石を二個合わせて、毛を削っていく。カットするときには毛切り石を使って、抜くときには蛤の貝殻を二つ合わせたのを使ったそうです。銭湯で、入浴のたびにきれいに除毛していました。男湯のほうから、カエルの鳴き声がする。ケロケロ、ケロケロケロケロっていう音が聞こえてくるんですが、これは毛切り石を二つすり合わせている音が、あたかもアマガエルが鳴いているような音なんですね。それが男湯から、女湯のほうへこだましてくるんだそうで、それくらい盛んに除毛していたということです。

この毛切り石を、うまく使えればいいんですけど、打ちつけ、身を切っちゃうこともあるんです。打ち所が悪いとちょっと困ることがある――というような川柳がいくつも残っていて、けなげな男心がうかがえます。女の子でも経験あると思うんですが、ハサミや刃物で切った毛は、断面がスパッと鋭くなっているんで、生えて伸びてきたときにチクチクする。女の子がすね毛を剃刀で除毛したとすると、毛がストッキングを突き抜けちゃうんですよね（笑）。こういうとんがった除毛では、また女の子に不快な思いをさせる、毛切り石でやると、やわらかくソフトに除毛できるというので、危険もかえりみず、ケロケロと除毛する。男の子たちは大変だったと思います。

江戸の恋愛観「愛」より「恋」、「恋」より「色」

で、男の子がそうやっていろいろ修業して、やっと女房をもらえることになった。女房をもらえるというのもなかなか難しいことで、男性の二割ぐらいしか結婚できませんでした。八割方が独身で暮らすというのが江戸では一般的な時代に、女房がもらえると有頂天になる。で、うれしくてしようがないというのが、この句です。

女房のかげ身にそってたわけ者

奥さんのかげ身に添って、ホントに尽くしてしまうわけですね。奥さんの言いなりになるような、馬鹿亭主になってしまう。

馬鹿亭主うちの戸棚が開けられず

なぜこの旦那(だんな)はうちの戸棚が開けられないかというと、戸棚から間男(まおとこ)が出てくるからです。「つまみ食い」といって、ちょこっと食べるお菓子(やつ)を女房が戸棚に隠しとくんですが、お菓子ならまだしも、男さえ戸棚に隠してしまう。カカアが大きめの戸棚をこしらえさせたらちょっと危ない、というんですけれども、間男を発見してしまうのはコワイわけです。見つけてしまうと、一悶着(ひともんちゃく)起きるわけだし、起きたらカタをつけなくてはならないし、一悶着を自分から起こしておいて、カカアに間男のほうを取られてしまったら、元も子もない。だから戸棚を開けないで、見て見ぬふりをしておいたほうがいいんじゃないか。やっと二割の少ない運に当たったんだから、それをなんとか持続させたいっていうんで、間男を黙認してしまうような亭主の例が、多々あったという句です。

惜しいことといろを亭主にしてしまい

これは、戸棚の間男の続きの句です。この句の女房の亭主は、間男を発見してしまった。で、おかみさんは間男のほうを選んで、亭主のところを自分から飛び出していってしまうわけです。で、その間男を新しい亭主にした。だけど、いざ間男を亭主にしてしまったら、やっぱり亭主というのはつまらないものだなあ、また間男がしたくなる。間男（いろ）は亭主にするもんじゃないと後悔している——という、なかなかすごい句です。

当時、長屋ですと、六軒と六軒が向かい合わせで、十二軒単位なんですが、そのうちの一軒か二軒ぐらいにしかおかみさんがいない。だから亭主の長期出張とかの間に、ほかの独身の男が、みんなおかみさんのところに通っちゃうわけです。で、この句のようなことが起こる。もちろん、おかみさんの合意が必要ですから、「アンタはいやよ」って断られればそのまんまなんですが、そういう、非常に危険性の高い住まいでした。

だからやきもちやきの亭主は家から一歩も外に出られない。家で仕事をする居職人（いじょくにん）、下駄を作る職人とか根付（ねつけ）を作る職人とか、そういったものに転職して、伊勢参りも旅行もしないでずっと家にいる——そういう生活になってしまうんですが、まあ実際にはそんなことは不可能ですから、ある程度は目をつぶって、覚悟を決めて亭主然としているというのが、一般的な亭主のありようだったようです。

では、おしまいに、上方（かみがた）と江戸の恋愛の違いを、ちょっとまとめてみます。

現代では「愛」と「恋」を比べると、「愛」のほうがなんとなく立派なものだと思われていますね。人間愛とか純愛というのが、ちょっと高尚なものに聞こえるし、恋が発展して愛になるようなイメージがある。未熟な年代に恋をして、それがやがて愛になるという、こういう図式を思い浮かべてしまいますが、江戸の頃は逆でした。愛が出世して恋になるんです。

今は、愛というと「神々の愛」とか「いつくしみ」という意味に使われるので、こうなってしまったんですが、江戸の頃の愛は、壺を愛するとか茶碗を愛するといったように、物に対する執着心のことをいいました。「これを失いたくない、これは俺のものだ」という、とても即物的な執着心を指したわけです。

江戸 色 性
上方 愛く恋 情

恋というのはそこから一歩進んで、その愛するものを手に入れようとする行動を伴うことなんです。つまり、愛するものを自分のものにしようとして、どんどんアプローチをしていくこと、それが恋なんですね。

愛というのを人に対して使えば、人を物としてしか見ていないということです。例えば「女の子を愛する」といった場合は、その女の子を人形か何かのように愛すること。「子どもが愛らしい」といえば、おもちゃのようにかわいいと見ているだけで、つまり、人格がないものに対して「愛」という言葉を使うんですね。

「恋」は人に対しても十分使える言葉で、さきほどいったように、獲得しようという気持ちが恋になります。この愛と恋が、上方がリードしてきた男女の文化でした。その中でも、元禄(げんろく)時代あたりまでは、男女の間には恋という感情が主流にありました。

これが江戸も中期以降、江戸前が出るに至って、「色」というものが出てきます。それまでの「恋」は、結局「彼が好きだ」「彼女が好きだ」という、割と動物的な本能で突き進めるものです。そして、「恋は命懸け」というように、命と引き換えにするほどの、衝動的な、ものすごい激情なんです。

それに比べて、「色」はゲーム感覚で、「色はその日の出来心(できごころ)」と、その日の天気や気分によって恋人をとっかえひっかえする――身の内からわき起こってくる要求に従って行動する「恋」とは違い、「色」は想像力の世界なんですね。

HINAKO
17

「色」と「恋」の一番端的な違いは、恋は相思相愛ですが、色は相思相愛とは限らない。つまり、女郎買いの遊びがそうなんです。女郎買いというのは、初めて会った男女なのに、ずーっと一緒にいるように、夫婦の契(ちぎ)りを交わして、とても濃密な時間をすごす。あるいは、逆に、とても惚(ほ)れ合っている同士の男女なのに、決して肌身を合わさないというような素人の恋愛の仕方も「色」なんです。

惚れ合っていても体を合わせない、あるいは惚れていないのに体を合わすという、想像力で補う部分を必要とするのが「色」で、つまり、「恋」よりも大人の意識がなければならない。ですから、心中(しんじゅう)にしても、上方では男女双方思いつめて死んでしまうことが多いんですが、江戸では、落語にある「品川心中」のように、遊びの途中のかけひきでもって、その場のノリで死んじゃう。恋の果ての突きつめた、昇華した姿としての心中ではなくて、成りゆきでうっかり死んじゃったという、いってみれば、事故死ですね。江戸の心中は、ほとんどこの事故死と考えてかまいません。

西鶴（さいかく）、近松（ちかまつ）のような「情」の世界は、とうてい江戸にはなかった、ということを、ひとつ覚えて、明日からせいぜい楽しい「色」の世界を学んでいただければ幸いです。ありがとうございました。

『ぶらり江戸学』一九九二年

江戸の色男

江戸ッ子の中の江戸ッ子
男一匹
花川戸の助六!!
遊びんの髪型「ほんだ本多髷」
髷との間にスキマがある
トレード・マーク紫縮緬の鉢巻
これが左側(むかって右)に結ぶと病人のシンボルとなってしまう。助六のは若さの象徴
エリとフンドシは緋縮緬のまっ赤っか!!ハデ
黒羽二重、裏地は赤
黒はツッパリの基本色

江戸中の娘の胸をキュンとさせたイイ男といったら、歌舞伎十八番でお馴染み「花川戸の助六」でしょう。

助六は永遠のツッパリ少年です。ケンカが強くって、純情、意地っ張りで、おシャレ。挙動そのものは、ヤンチャ坊主で手に負えないのだけれど、もひとつ、なんてったって、可愛いのです。母性本能が揺さぶられてしまいます。

とはいえ、助六は、いかにも芝居中の人物で、生活感がまるっきりない非日常の男です。

現実にいる男たちの中で、江戸人の選んだ「男の中の男（つまりこれは娘たちだけでなくて男も惚れる男）」を「江戸の三男」といいました。

さて、それは……!?

「江戸の三男」とは、火消しの頭、力士、与力の三職のことです。

まず火消しの頭は、町内の顔役です。どんなもめ事も、頭が顔を出しただけで丸く収まるくらいの貫禄です。

命知らずの血気の若者を数百人従えて、火事となれば鬼神の働きをします。信頼の厚さはトビキリです。頭の魅力は俠気でしょう。「不器用ですから……」と言う健さんの風情と相通ずるところがあります。

マメシボリの
手ぬぐい
無口で潔癖！
機能美に徹した行動派のファッション
・組頭の革はんてん
こまかい縞・格子の無地感覚（実年齢より上に見せる装い）
組頭
組頭
ストイックな男の魅力

次の力士は言うまでもないでしょう。待ったナシで闘う勝負師の心意気、ステキに決まってます。おまけに、年に二十日間しか働かないのに、金持ちで気っぷが良く、豪快に遊ぶ。

相撲を女性が見られない時代ですから、力士はより男っぽい職業だったのでしょう。太った体もむしろ富の象徴とうつったようです。

思いっきり華美な柄
ただそこに居るだけで目立つ。どーせ目立つなら徹底する
豪放磊落!!
土俵上の姿が見せ処だから肌は磨きこんでスベスベの人が多かったそうです
純情が売り物

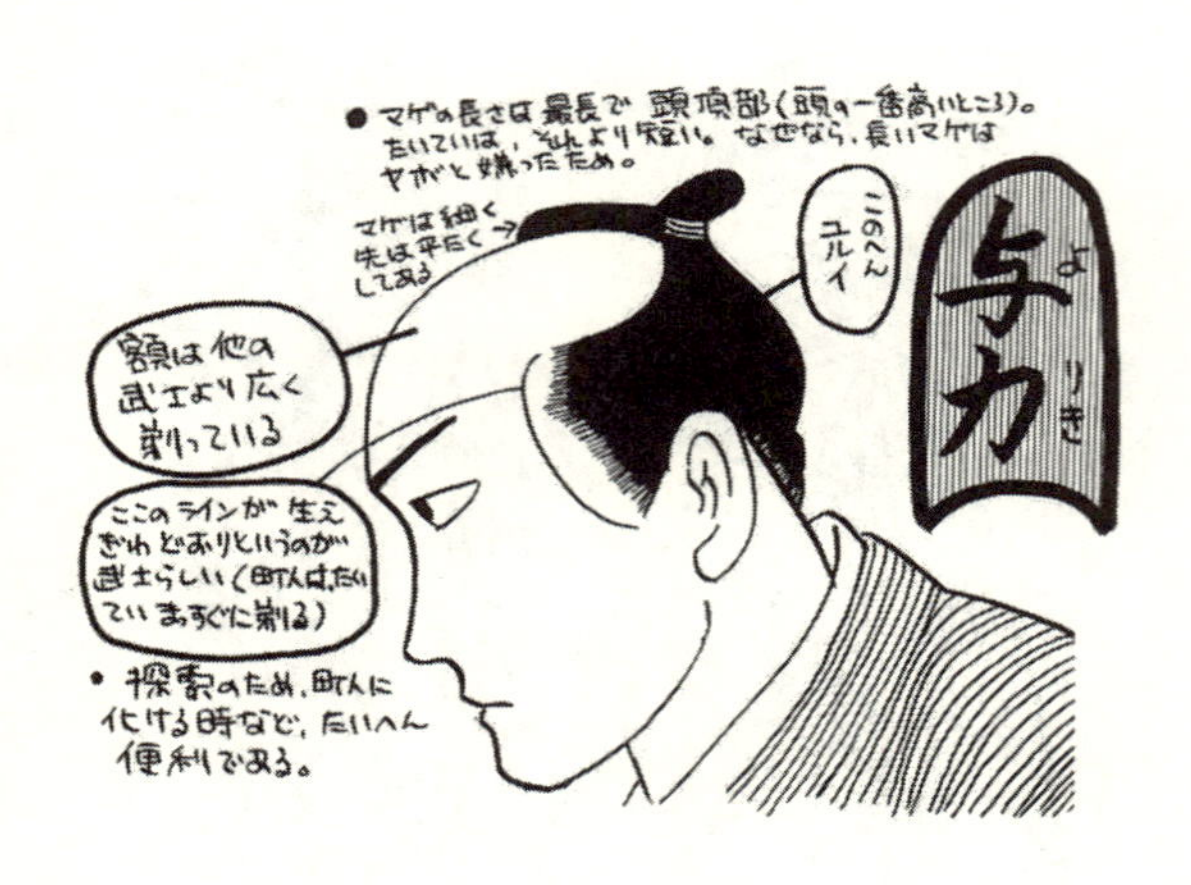

さて、三男の中で一番面白いなと思うのは与力です。与力は町奉行の配下で同心（どうしん）の上役です。体制側の役人なのに江戸ッ子に愛されるのは、それなりの理由があります。

与力・同心は「八丁堀（はっちょうぼり）の旦那（だんな）」の異名のとおり、下町のど真ん中に住んでます。そんなわけで、町人との付合も多く、言葉も「来てみねえ」「そればっかり」「そんななァ嫌（きれ）えだよ」なんて町方の言い廻しでしゃべります。だから、「ござる、しからば」の侍言葉に

肩衣は他の武士より幅広に仕立てる
幕末にはこれが羽織となりより一層粋になる
威あって猛けからず
話せる旦那
継裃(つぎかみしも) 肩衣と袴が別布となっている。独特の風俗
ふだん着などは極上の縞物をサラリと品良く粋に着こなして町内を歩いてるから実にカッコイイ。「遠山の金さん」のイメージは案外、与力の旦那に近いようであります。
カッチョイー!!

比べれば、とっつきやすいのです。しかも、給料以外に役得と称して副収入がありますから、暮らしは優雅で遊びにも精通しています（与力は、表向きは二百石ですが、その十倍、二十倍くらいの実入りはあったといわれています）。

そして、ビミョーなのは、彼らが罪人を扱う仕事柄、不浄役人と呼ばれて、他の武士からは差別されていたことです。与力などは家格から言えば、将軍に拝謁（はいえつ）できるはずなのに、これがため実際は江戸城にも入れません。

こういった立場が、彼らを身近に感じさせるのでしょうか。

生活は豊かだから、身なりは大名並みに美しいし、それでいて、町人のような髷（まげ）を結って「ちょっと、お前（めえ）、見ねぇ」なんて言ってる……これはやっぱりモテますよ。

『一日江戸人』一九九八年

美女列伝

寛政八年頃(一七九六)の
歌麿型美女
(ポッピンを吹く女)
天真爛漫な美人です。
眉は太目
つぶらな瞳
頬はふっくら
くちびるぽっちゃり
あごは丸い
胸はかなり豊か
ポッピン
底部が薄いガラスで息を吸うと「ポコペン」と鳴る。この頃流行った玩具。

江戸時代の美人と言うと、誰もが即座に思い浮かべるのが歌麿の大首絵。有名な「ポッピンを吹く女」などの、下ぶくれで、小さい目、もったりとした鼻に、さくらんぼのような唇。ところが、この顔の流行ったのは、ほんの十年たらず。江戸の二百六十年間を通して、あの顔がモテたわけではありません。

美女は世につれ、世は美女につれ、今も昔も、時代の〝顔〟というものがちゃーんとありました。

男性の理想としての少女清純派の時代に始まり、豊満優美な肉体健康派を経て、幕末の、アブナイ魅力の前衛的美女へと、ドラマチックな変転。では現代は、江戸のどのあたりに似ているのでしょうか⁉

江戸の美女の変遷を、当時のカラーブロマイドともいうべき、錦絵で追って

明和二年(一七六五)の
春信型美女(笠森お仙)
夢みる瞳!!
細い首
ぽっちりした口
七頭身
風にそよぐ柳かな
なで肩
おわん型の胸
細い腕
柳腰!!
少女そのままの柔らかさが初々しいネ
細い足
太ももから足首まで強弱があまりない
おじょーさまタイプがコレ
そして
二十年後
天明四年(一七八四)の
清長型美女
きりり濃い眉
口角の上った口元
シェープアップされた顔
十頭身
ひょーっ今見てもカッコイイ
健康優良美女
長い手足
ほんとうにこんなプロポーションが江戸期に実在したかは定かではありませんが、少なくともこれに近いタイプがこの時期モテたようであります。
いかにもスクスクと育った肢体
更に十年後
歌麿タイプは八頭身で肉付きが良い
豊満な胸

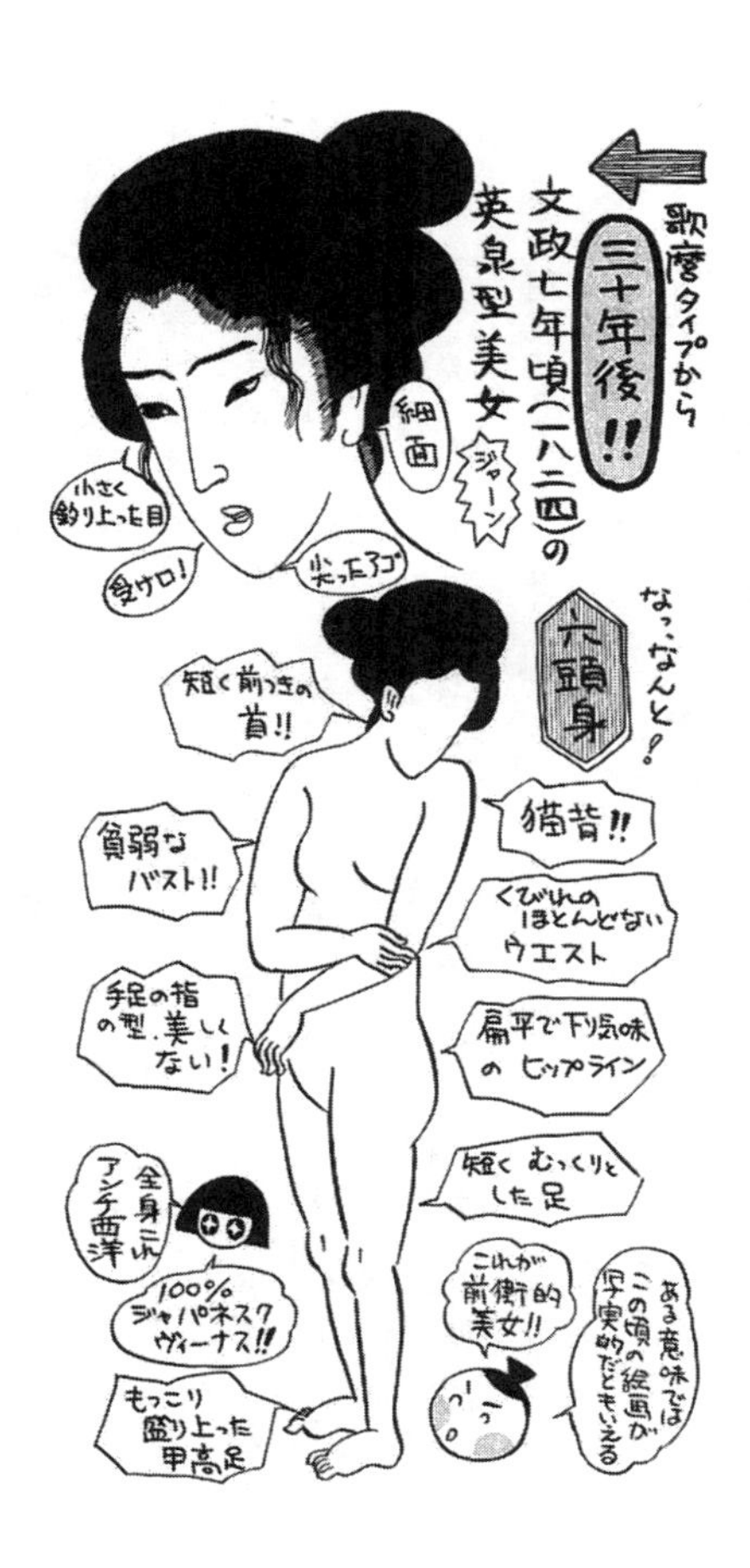

歌麿タイプから
三十年後!!
文政七年頃(一八二四)の
英泉型美女
ジャーン
細面
小さく釣り上った目
受ケ口!
尖ったアゴ
なっ、なんと!
六頭身
短く前つきの首!!
猫背!!
貧弱なバスト!!
くびれのほとんどないウエスト
手足の指の型、美しくない!
扁平で下り気味のヒップライン
短くむっくりとした足
全身これアンチ西洋
100% ジャパネスクヴィーナス!!
これが前衛的美女!!
ある意味ではこの頃の絵画が写実的だともいえる
もっこり盛り上った甲高足

みましょう。

初めて登場した美女は、江戸笠森稲荷社前の水茶屋で働くお仙という娘でした。人気絵師・鈴木春信の描く彼女は、抱きしめれば折れそうな手足と、幼さの残る顔の、典型的な清純派のイメージです。原田知世ちゃん、沢口靖子ちゃんなどが、現代ならばこのタイプでしょう。

続いて鳥居清長が九頭身から十頭身という、すらりと背の高い健康美人を描いていきます。お仙が小鳥のような愛らしさとすれば、こちらは鶴のようなおおらかさがあります。眉はぐっと濃くなり、妖精のようなはかなさは消え、澄んだ切れ長の目と、愛嬌あふれる口元は、明るくおきゃんな町娘の躍動を伝えます。故夏目雅子さんや、もう少し若いころの松坂慶子さんが、さしずめこのタイプに属するでしょうか。

更に肢体がグラマスになると歌麿の時代となります。中でも有名なのが、浅草寺の茶屋の難波屋おきた、両国のせんべい屋の娘・高島屋おひさ、芸者の富本豊雛の、いわゆる寛政三美人。

三人の共通項は、おっとりした中にも、見つめる目を見つめ返すような一途さがあって、こんな娘と差し向かいで飲んだら、さぞや、お酒がうまかろうと思わせるところです。名取裕子さん、萬田久子さんがこんな感じですか……。

続いて台頭してくる美女は、退廃派とでもいうのか、一種凄(すご)みが出てきます。渓斎英泉(けいさいえいせん)がその姿をとらえていますが、眉根が寄って下唇の突き出た細面(ほそおもて)。姿勢悪く胴長の六頭身に甲高足、指の型悪く、最悪のプロポーション。

ところが、これが渋い小紋を着て、しどけなく帯を結ぶと、ゾッとするほどの色気が出るからフシギです。性格的には刹那(せつな)的で奔放、男とは別次元の生物だと全身で主張しているような感じです。このタイプの人が今一寸(ちょっと)思いつかない。つまりまだまだ平成は元禄(げんろく)の時点で、平成化政までには間があるということでしょう。

『一日江戸人』一九九八年

atelier
CHŪ
BŌ
Since 1990
Masaya Hiroko Suzuki

HINAKO
18

意匠（デザイン）

意匠
デザイン
ちりーん
シャプ

夏です。日ざしもさることながら、街をゆく女性の姿も日増しにまぶしくなってきました。風にひるがえる軽やかな髪、耳たぶには桜貝のピアス、日焼けした肌に白いタンクトップ。風物詩ですなぁ。

江戸のご同輩もまた、女性の夏姿に一時の涼味を楽しんでおりました。洗い髪に磨きこんだ素肌（もちろんノーメイク）、おろし立ての浴衣（ゆかた）に新柄のうちわ。江戸の女性をホメるのに「垢抜（あかぬ）けた」「こざっぱりした」という言葉を使いますが、この夏姿などは、その典型といえます。

私が小学生のころ、ガキもおッ母（かあ）も夏はTシャツという時代がありました。Tシャツは新しげな文化でした。もとは下着だったものが開放的なふだん着となり、このごろでは、パリコレにTシャツ感覚のフォーマルが登場するまでになりました。Tシャツといえば、高度成長期の浮かれた楽天的な感覚を思い出します。

江戸においての浴衣の位置も、Tシャツとよく似ています。はじめ、その名のとおりの入浴着や汗とり下着でしかなかったものが、町人文化の台頭に従い、カジュアルウエアへと進化しました。もとより伝統や格式からふっ切れたものですから、そのデザインには遊び心があふれています。

デザインの傾向は大きく分けて二つ。ひとつは「判じ物」という機知にとんだクイズ文様です。一目では何かわからないが、シャレっ気がある人にはピンとくる。

たとえば「鎌」の絵と、円形の絵柄と、ひらがなの「ぬ」で「かまわぬ」と読ませるたぐいです。この文様は、成田屋こと市川団十郎が舞台で言った「かーまーわーぬー」というセリフが大ウケしたことに発します。転じて、「かまわぬの団十郎」、この文様を着ていれば「よっ三桝（団十郎の紋）びいきだねッ」と声のひとつもかけるのが江戸ッ子です。

これがあまりに流行ったため、アンサーデザインというべき「鎌」と「井桁」と「桝形」を並べた「かまいます文様」さえ派生したくらいです。

類したものに「斧」「琴柱」「菊」で「斧ことを聞く」、「剣」「花」「櫂」で「喧嘩買い」、「釣鐘」「水に雲」で「金が湧く」、ひらがなの「せ」を丸（わ）で囲み、「て」と「御座（上げ畳）」の絵で「世話で御座る」などと読ませます。

江戸の「軽妙洒脱」がこんなところに息づいています。

もうひとつは、絵柄そのものを楽しむオーソドックスなもの。たとえば浴衣いっぱいに広がった魚網に、巨人な伊勢エビ、タコ、カツオが躍るダイナミックな構図や、近江八景を藍一色で染めあげた豪奢なもの。これなどは既に美術工芸品の部類といえます。

こういった「具象もの」のデザインにも、今とひと味違った江戸独自の感性がうかがわれます。今も変わらず親しまれている日本古来の「花鳥風月」は、もちろんメイン・テーマですが、いわゆる「江戸好み」とされる具象文様は、今日の私たちが見ると「えっ？」ととまどうものが少なくありません。

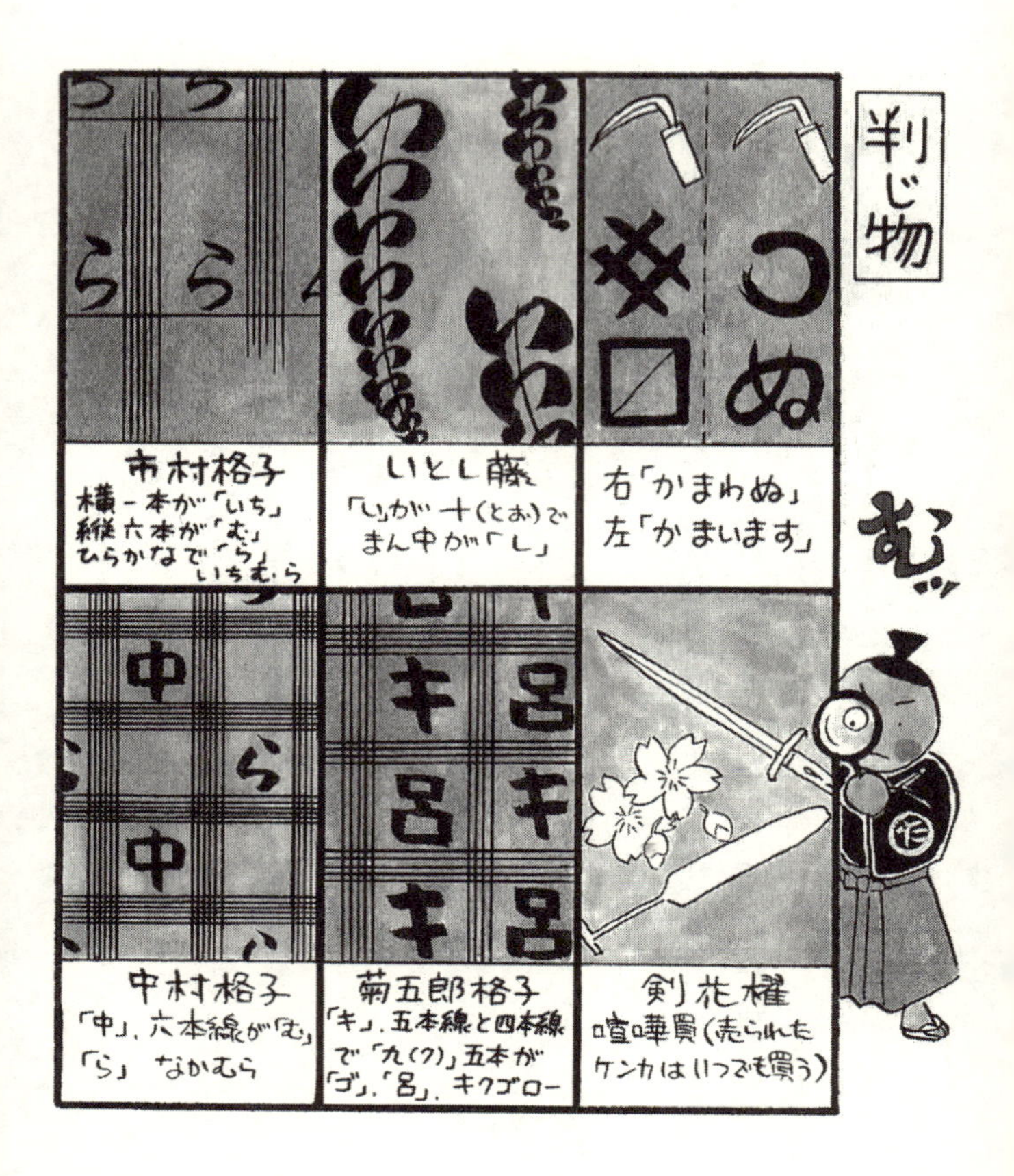
判じ物
市村格子
横一本が「いち」
縦六本が「む」
ひらかなで「ら」
いちむら
いとし藤
「い」が十(とお)で
まん中が「し」
右「かまわぬ」
左「かまいます」
むっ
中村格子
「中」、六本線が「む」
「ら」 なかむら
菊五郎格子
「キ」、五本線と四本線
で「九(ク)」五本が
「ゴ」、「呂」、キクゴロー
剣花権
喧嘩買(売られた
ケンカはいつでも買う)

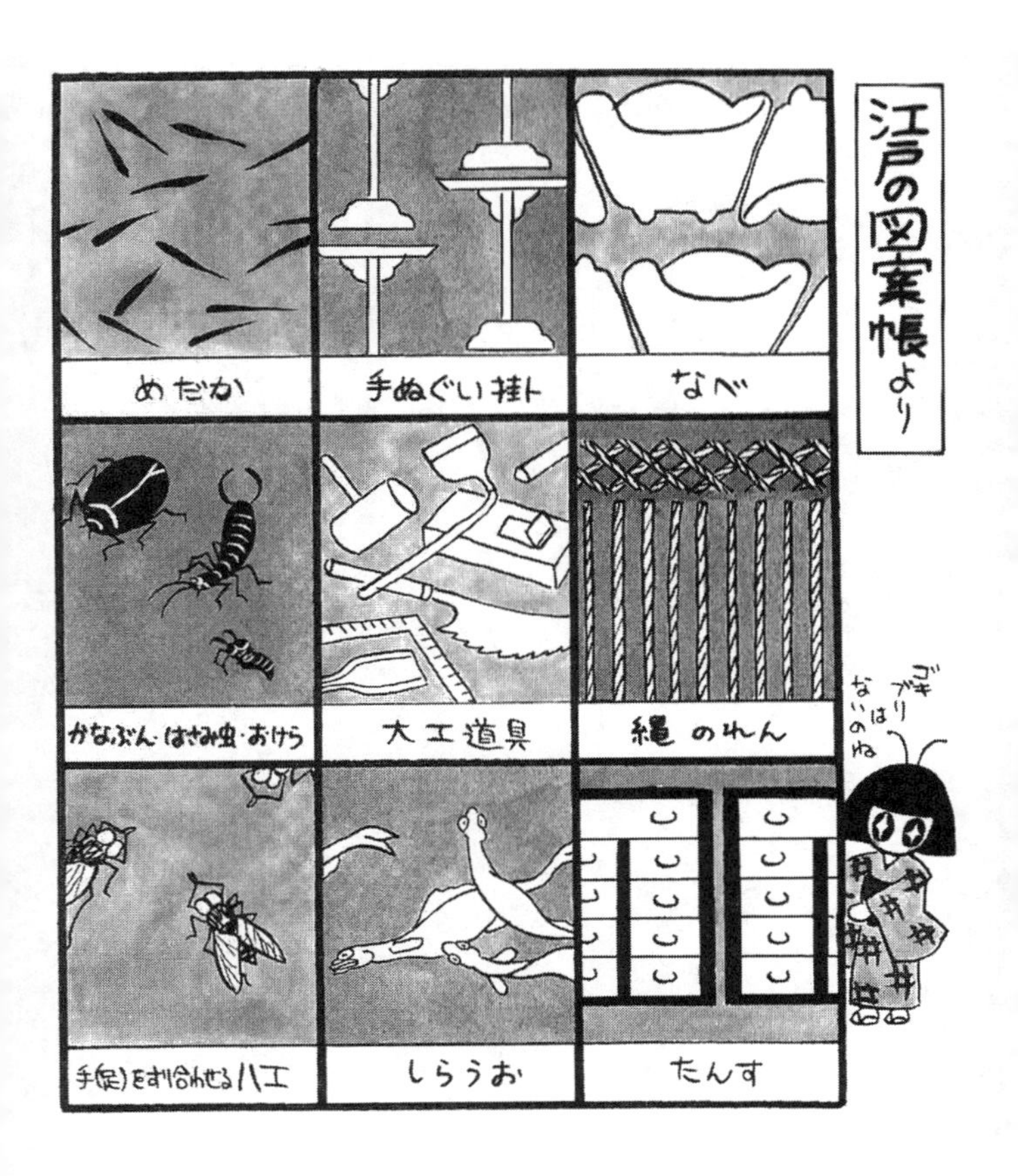
江戸の図案帳より
めだか
手ぬぐい掛
なべ
かなぶん・はさみ虫・おけら
大工道具
縄のれん
手(足)をすり合わせるハエ
しらうお
たんす
ゴキブリはないのね

タコ、イカ、スッポン、ウナギなどは序の口、クモ、アブ、ムカデ、ミミズ、ゲジゲジ、はてはヒルまでがデザインの対象となってしまうのです。北斎が工芸職人のために描いた図案集の中に、松茸にアブが逆さにとまって、後足をすりあわせているところをクローズアップにした一図があります。けれど、それが少しもグロテスクではなく、むしろ愛らしく見える。江戸人が単なるもの好きでそれらの文様を創案したわけではないことがわかります。

咲き乱れる秋草の陰に生きるさまざまな虫の姿を克明に描いた歌麿や伊藤若冲の眼、あれが江戸人の眼なんだという気がします。

それと同じ感覚で、日常の道具も文様として好まれました。手鏡、扇、糸巻などは優雅ですが、鋏、たんす、たらい、あるいは釘抜、釘、かすがい、梯子といった大工道具、鍬、鋤、鉈などの農具あり、刷毛、ほうき、ちりとり、算盤、手ぬぐい掛けまで出てきます。

フォーマルではなくカジュアルに凝る。奢れる美よりも卑近な美を慈しむ。これが江戸の心意気のように思います。

『一日江戸人』一九九八年

夕暮れ前に蕎麦前を楽しみたい、
江戸前の蕎麦屋

蕎麦そのものは、江戸時代以前からありました。当初は、蕎麦米を炊く「蕎麦実雑炊」や、蕎麦米を挽いたものをお湯でこねた「蕎麦がき」として食されました。さらに、それを平たく切って餺飥鍋のように味噌味や醤油味で具だくさんで煮込んだり、すいとん状にちぎって入れたりもしました。いずれも、ここで蕎麦といった場合は調理前の生粒を指すのであり、「ちょいと蕎麦食おう」は「ちょいと米食おう」と同義で何のことやらわかりません。

蕎麦粉をこねて、のして細く切った麺状の蕎麦は古くから精進料理の珍味の小鉢の一品でありましたが、江戸期中頃にようやく、今、私たちが蕎麦と呼んでいる「蕎麦切り」が店売りの食べ物のメジャー商品となります。すでに出まわっていたうどん、つまり「麦切り」を模して「蕎麦切り」と呼びました。初期は、生粉（蕎麦粉一〇〇パーセント）で打った黒く太いもそもそした野趣あふれる食感で、小粋な江戸前とはいえませんでした。

試考錯誤の末、喉越しのよい江戸前蕎麦は、蕎麦粉のつなぎに小麦粉を使うというアイデアにより完成をみたのです。

以降、江戸っ子の好みに合った江戸前蕎麦は大ブレイクし、市中(しちゅう)に無数の店舗が開業しました。「日に一度は蕎麦屋」というくらい執着したものです。

それまでの田舎蕎麦と異なり、江戸前の蕎麦は食事の扱いではありませんでした。趣味食、あるいは嗜好品(しこうひん)の一種で、喫茶店のコーヒーや、サロンの一服、大人のくつろぎの小道具だったわけです。

江戸前の蕎麦の量がとても少ないのは、蕎麦屋が空腹を満たすための場ではなく、黄昏時(たそがれどき)のパブとして利用されたからなのです。

通は、昼過ぎ夕刻前の半端な時分に暖簾(のれん)をくぐります。蕎麦屋では、「蕎麦前」を、まず楽しみます。蕎麦前とは、蕎麦をよりいっそうおいしく食べるための食前酒のことです。「蕎麦を打つ音も馳走(ちそう)の数に入(い)り」という古川柳(こせんりゅう)があります。せっかちな江戸っ子でも「挽きたて打ちたて茹(ゆ)でたて」の三たてを馳走と心得て、蕎麦を打つ間を蕎麦前をたしなみつつじっと待ったのです。江戸前は、とかくすぐ出るのが取り柄でもあるのですが、鰻と蕎麦は例外です。

もっとも、双方とも屋台ではずいぶんスピーディに供されますから、忙閑に合わせて使い分けられました。

蕎麦屋の仕上げには、もちろん蕎麦切り。麺※をたぐって、「するするっ」と軽く音を立て、繊細な蕎麦の香りを空気と攪拌することにより増幅させて楽しみます。麺につけるつゆが少しだと、「するするっ」といきます。つゆだくさんだと「ずるずるっ」となり、下品で野暮ったいといわれます。辛いつゆを少しだけつける「するするっ」こそが、江戸前蕎麦の食し方とされました。

蕎麦屋の基本メニューは、「もり」「ざる」「ぶっかけ」に「かけ」「せいろ」があります。前三者が「冷」で、後二者が「温」、呼び方が違うだけと思われがちですが、さにあらず。それぞれの原初の姿を見てみましょう。

「もり」は、もともとは皿盛りの略で、冷たい蕎麦を平たい皿に盛って、上から冷たいつゆをかけまわしたものです。

「ざる」は、茹であげた蕎麦の水切れをよくするため笊の上に蕎麦を盛りつけたもの。笊の上からはつゆをかけまわせないので、つゆを入れる別容器、蕎麦猪口（ちょこ）の登場を招きます。海苔（のり）をかけた「もり」が「ざる」と呼ばれるようになったのは、明治十年代以降のことといいます。

「せいろ」は、蒸し器である蒸籠（せいろ）に盛った蕎麦です。初期の蕎麦切りは、菓子屋さんで作られることも多く、昔からの菓子舗には、今でも「そばぼうろ」「そば万頭（まんじゅう）」「そばかりんと」などが売られています。蕎麦切りは茹でる以前は蒸していました。つまり、その蕎麦は「熱盛り（あつもり）」だったのですが、のちに冷たい蕎麦を蒸籠に盛ったものも「せいろ」と呼ぶようになりました。要するに容器の違いなのですが、今では「ざる」に盛っても「せいろ」だったり、「せいろ」に盛っても「もり」だったりと、すっかり混同されています。

「かけ」は、深鉢つまり丼に茹で麺を盛った上から温かいつゆをたっぷり張った蕎麦。「熱くしてな」と声をかけなければ、茹で置きの冷めた麺の上から熱いかけつゆを足すばかりなので、食べるときはぬるい感じ。「ぶっかけ」は「かけ」と同じ容器で麺もつゆも冷たい蕎麦です。今はあまり見られなくなりましたが、夏場や呑（の）んだ翌朝などは喉越しがよくオツなものです。

※たぐって（たぐる）　目的のものを自身に引き寄せること。蕎麦では箸（はし）さばきのきれいなことを指す。

『お江戸風流さんぽ道』一九九八年

HINAKO
18

龍（百日紅）

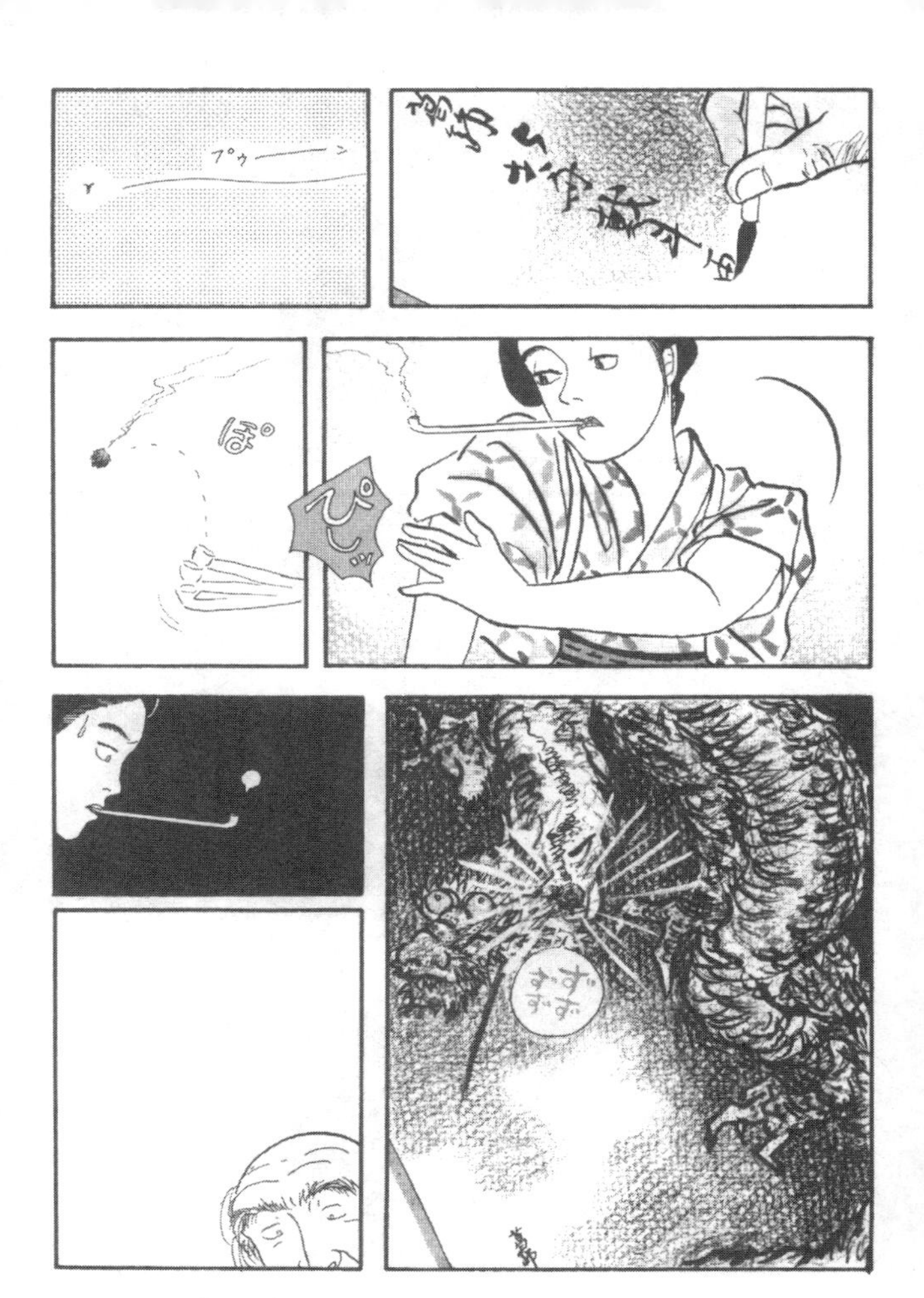
プゥーーーン
ぽ
ぴしっ
ずずずず

ガラ
一旦は出来たが駄目になったとは？

要領を得ない
先生に逢わせなさい

さあ
何処へ行ったか

とぼけてはいかん！
居ないんだもの

ホントに居ねえヨ
！
先生!!
龍の絵は
？

……ウソ
じゃあねえ
出来た
とたんに
昇天しち
まったあ
……
……

――ナニ
約束は今月
いっぱいだろう
大の月でアト
一日あるサ
明日又
来てみねえ
ひょっとすると
天から帰るよ

ひょっと
しなかったら
それまでサ
好きにしねえな

お前方の首を
貰い受けても
殿の御意には
かなわない
そうなったら
こッちがどうか
なるだけだ

腹でも
切るかい
……

痛いで
しょうね

明日ったって
おれァ
描かねえよ
ガタ
ピシ
めりめりッ
わかってるよ
どたたッ
わはははは
あははッ
鶴屋(版元)で
こいつにでくわして
……あははははッ
へへへ
どうも
国直ス

遠慮するない
むぎゅっ
うん

わははもう一つ食え
ガバッ
むぐむぐ
もういい
、、、

しゃらくせえ何を言うか!!
ばばば
ぐがー

あ――
うまかった
しかし
返礼
しないと
悪い
せっせ
せっせ
ツクダニ
あ〜ん
ムグ
ムグ
ムグ
……
……
馬鹿野郎
辛えだろう
辛かねえよ
クソジジイ
北斎先生!!
びたっ
兄ィ
いけねえよ
悪い酒だ

ジジイをジジイと言ってなぜ悪い
ん!?
じたばた

はなせえ
ばか
コノヤロウ

……

お栄さん
龍ですかい
?

――龍は
コツが
ありやす

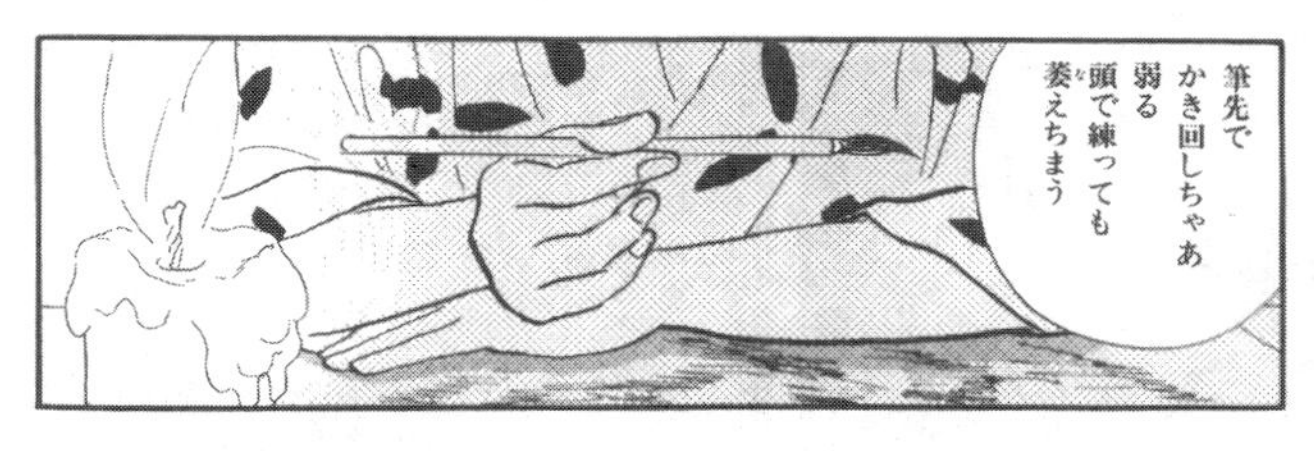
筆先で
かき回しちゃあ
弱る
頭で練っても
萎えちまう

コウただ待って
……
降りて来るのを
待つんでさ
来たてえとこで
一気に筆で
押さえ込んじまう
他の生き物たあ
違うんでね
とらまえ方も
ちがいやす

……
……

ナニ
おいらが
言うのじゃ
ねえす
唐の
ものがたり
でさあ

コイツメ
けしから
ねえッ!!
ばんッ

ぎゅー
へ
なぜ
酔わない

へらへら
あんな
ケチな
酒!!
むッ

生意気だッ
ポリポリッ

コーヤロ
コーヤロ
どすん
ばたん

出てけっ

なんだ
ジジイも
おっぽり
出された
ふん
先生
行きや
しょう

びゅううう

そら狐がおいでおいでをしているよ

ヤァ笑った

龍なんか居るもんかあ
ゴオォ

ガキの時分
信州で
見たよ

龍巻きだろう
あんなもな
風が山や谷に
ぶつかったり
落ちたりして
ねじくれ
るんじゃ
ねえか

おれも
見た

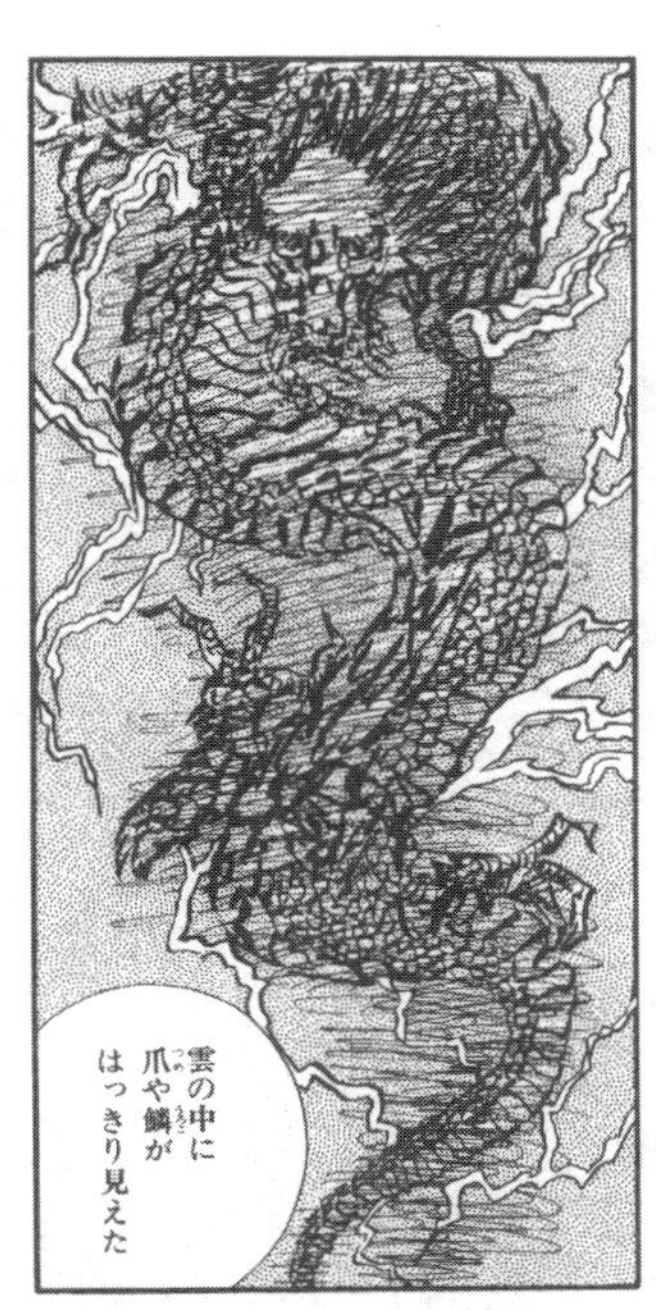
雲の中に
爪や鱗が
はっきり見えた

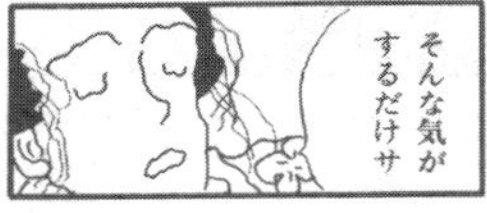
そんな気が
するだけサ

てめえはな
そういう
了簡だから
絵がヘタ
なんだよ

てめえの描く
人間なんざ
でたらめ
だから
ひっ
コウ、
ポイッと
一歩踏み出すと
クシャ〜と
いっちまうわ

お前がたァ
さっきから
わからない話
ばかりするのウ

あはははッ ウソ ばっかり!!
わははッ ウソだよ!!
びょおおお

ぼっ
じじじ…
カサ
コン
ぼ…

149　龍（百日紅）

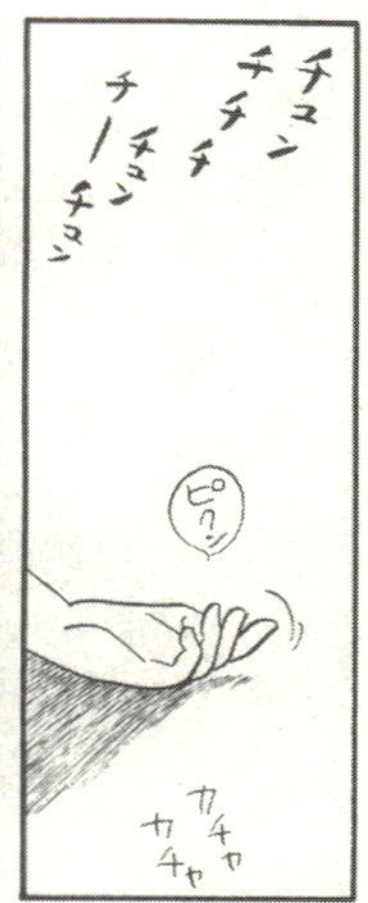
チュン
チチチ
チュン
チーチュン
ピクン
カチャ
カチャ

……!?
ボケ〜
お連れさんは
明け前に
帰りましたよ

凄え天気……
ズ……ン

寝ごかしたあ
ひでえなあ
…ブツブツ

ガラッ

ゴオ゛ッ

……
ぐお゛ー
ぐお゛ー

……
んおっ

なんだよ

……

……

チュン
チュン
チュン

逆引き図像解説

HINAKO 1

『百日紅』（ちくま文庫）**「恋」より**　19頁

お栄が父・北斎の弟子の初五郎に抱く恋心を描いた話。父にその恋心を見破られてばつが悪く、逃げるように風呂屋に行き、湯に浸かっているシーン。

HINAKO 2

『花のお江戸の若旦那―彩色江戸漫画』（河出書房新社）**「梅雨のはて」より**　22頁

「じいさまが店を出し、親父がそれを大きくし、あたしがせっせと使う」「店なんてモンは三代目で潰すに決まっているじゃないか」と豪語する、薬種商の若旦那・福太郎の遊興記。吉原の街を練り歩く遊女たち。

HINAKO 3

『杉浦日向子全集　東のエデン』（筑摩書房）**「安らかな日々」より**　27頁

確執のあった父と息子が久しぶりに会う場面。

HINAKO 4

『百日紅』（ちくま文庫）**「女罰(おんなばち)」より**　29頁

昼下がり、ウトウトするお香。鈴の音で目を覚ますと、そこにいたのは北斎宅に居候する弟子・善次郎だった。

HINAKO 5

『百日紅』（ちくま文庫）**「春浅し」より**　33頁

客を待たせておきながら、別の男・善次郎と凧あげをして遊ぶ茶屋女。客の多吉郎がせつない。

HINAKO 6

『YASUJI東京』（ちくま文庫）**「影・3／12」より**　36頁

風景画家・井上安治が小林清親に入門した、一八七八年の雪の日。安治十四歳、清親三十一歳。

HINAKO 7

『百日紅』（ちくま文庫）**「木瓜(ぼけ)」より**　41頁

お栄と豊国門下の浮世絵師・歌川国直が橋の上で出会う場面。国直は歌川派ながら対立する北斎の画風を慕っていた。

HINAKO 8

『百日紅』（ちくま文庫）**「野分(のわき)」より**　42頁

北斎の末娘で盲目のお猶（なお）が病で伏せっているところを見舞うシーン。

HINAKO 9

仕事風景　47頁

一九八五年、二十七歳の頃。自宅の仕事部屋で笑顔で作品制作にとりかかる。

HINAKO 10

8歳の誕生日　58頁

布の中から顔だけ出したユニークな格好。兄・鈴木雅也のカメラの三脚に布をかけ、頂点に小さな浮き輪をのせた姿を自分でセッティング。「写真を撮って、撮って」とせがみ、兄に撮影してもらった。

HINAKO 11

ミノルタのカメラ　62頁

「路上観察学会」の活動で使用した「ミノルタα7000」。写真家の兄が選んだ。「カメラが重くてみんなの歩く速さについて行くのが大変」とこぼすほど、からだが華奢だった。

HINAKO 12

兄と豊島園で　68頁

五歳くらいの頃。兄が中古カメラの試し撮りをするために父と三人で訪れた豊島園で。二人の後ろ姿は父が撮影した。

HINAKO 13

京都へ家族旅行　72頁

九二年、三十四歳の頃。京都で好きな場所を巡っておいしいものを食べ歩いた旅。写真は南禅寺で奥から二番目が杉浦。かわらけ投げや釜風呂も楽しんだ。

HINAKO 14

十四歳の頃　77頁

祖父が住んでいた山形・米沢へ夏休みに家族旅行したときの一枚。日本百名山のひとつ、吾妻山の登山口でもある天元台高原へ登り、眼下に広がる山をスケッチした。

HINAKO 15

方眼直線定規と三角定規　82頁

仕事で使用していた文房具。建物を描くときなどに使っていたと思われる。

HINAKO 16

兄夫婦とシチリア旅行　86頁

九九年、四十一歳の頃。エオリア諸島のブルカノ島で食事をしたときの一枚。タオルミーナに宿泊していたが、杉浦の「船に乗りたい」という希望でミラッツォ港からエオリア諸島をまわった。

HINAKO 17

ザ・キンクスのLP　94頁

洋楽をよく聴き、知識も豊富だった。なかでも大好きだったザ・キンクス。特にこのアルバム『この世はすべてショービジネス』(発売元：ソニー・ミュージックレーベルズ）はヘビーローテーションでかけていた一枚。収録されている「セルロイドの英雄」を一番美しい曲と評していた。

HINAKO 18

兄夫婦へ贈った直筆の墨絵　114頁

写真家の兄がスタジオを開設した際に、そのお祝いとして贈ったもの。キッチンスタジオだったため「厨房」と「チュー」をかけてねずみの絵に。ねずみの向きなどを何回も描き直して完成させた。

HINAKO 19

愛犬のクロと　130頁

九一年、三十三歳の頃。仕事から帰ってくると、飼い始めたばかりの愛犬のクロが喜んで興奮。おおはしゃぎしている様子。

この人

杉浦日向子（すぎうらひなこ）

江戸風俗研究家、文筆家、漫画家（一九五八〜二〇〇五）

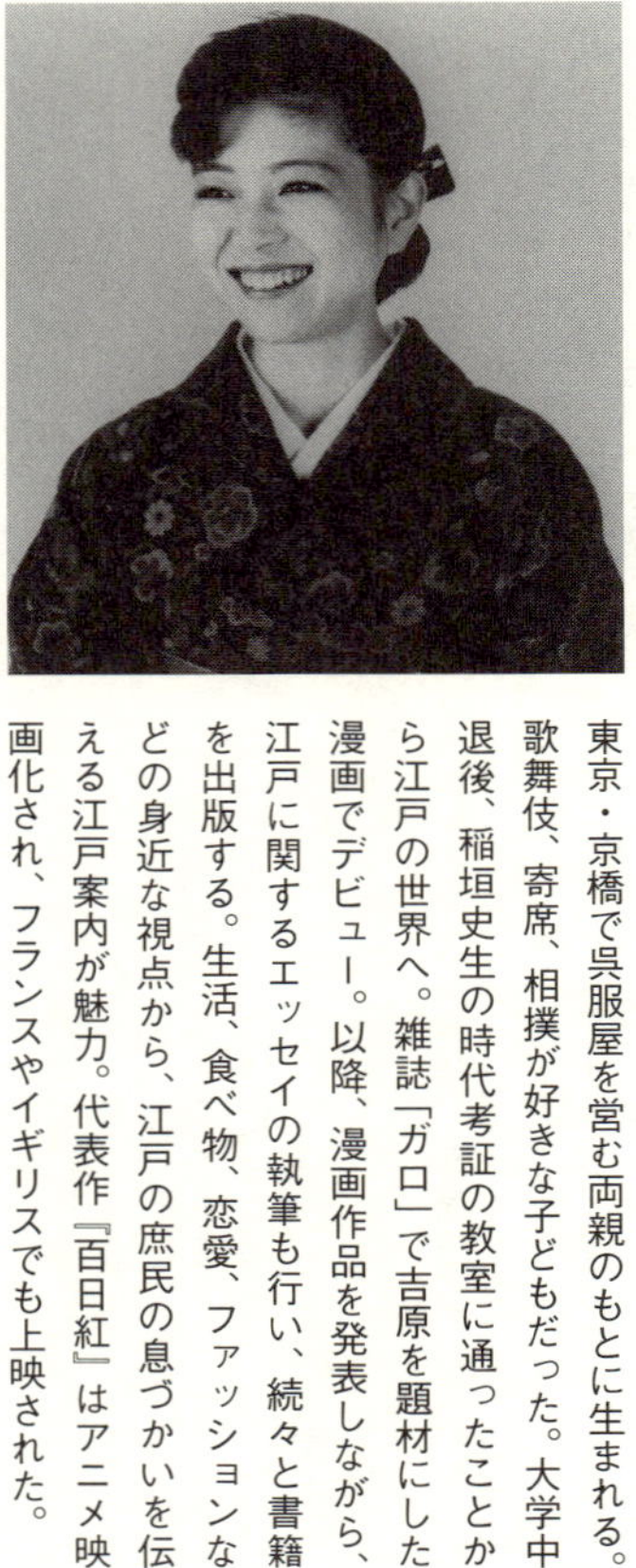

©時事

東京・京橋で呉服屋を営む両親のもとに生まれる。歌舞伎、寄席、相撲が好きな子どもだった。大学中退後、稲垣史生の時代考証の教室に通ったことから江戸の世界へ。雑誌「ガロ」で吉原を題材にした漫画でデビュー。以降、漫画作品を発表しながら、江戸に関するエッセイの執筆も行い、続々と書籍を出版する。生活、食べ物、恋愛、ファッションなどの身近な視点から、江戸の庶民の息づかいを伝える江戸案内が魅力。代表作『百日紅』はアニメ映画化され、フランスやイギリスでも上映された。

あの人

葛飾北斎・赤瀬川原平・近藤ようこ

江戸の大先輩

『葛飾北斎〈初摺〉北斎漫画（全）』
葛飾北斎（小学館）
葛飾北斎が弟子用テキストとして描いた「絵手本」十五冊を、原寸カラー復刻した決定版。杉浦の代表作に北斎とその娘・お栄を描いた『百日紅』がある。

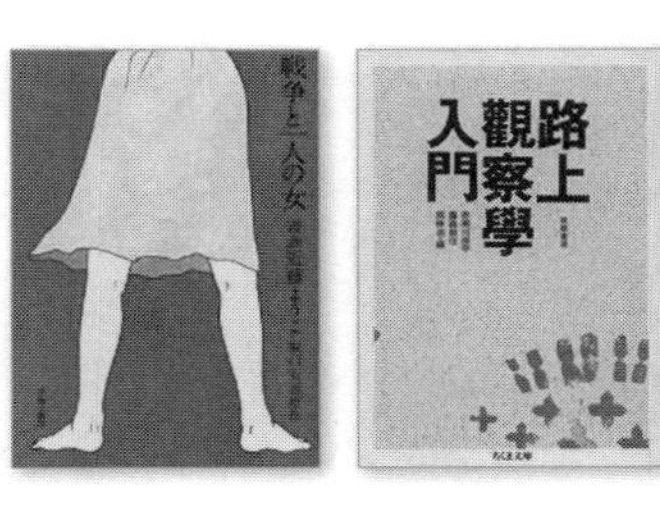

路上観察の仲間

『路上觀察學入門』
赤瀬川原平・南伸坊・藤森照信編（ちくま文庫）
杉浦もメンバーだった「路上観察学会」の中心的人物たちが編集。独特な視点から街歩きの具体的手法や実践例を挙げた路上観察マニュアル。

ガロ三人娘

『戦争と一人の女』
坂口安吾原作　近藤ようこ漫画（青林工藝舎）
坂口安吾原作の小説を近藤が六年がかりで構成し直して漫画で表現した傑作。やまだ紫、杉浦とともに「ガロ三人娘」と呼ばれていた。

●本書に収録した作品は以下を底本としました。

「江戸と私の怪しいカンケー」――『大江戸観光』（一九九四年　ちくま文庫）

「江戸のくらしとみち」――『うつくしく、やさしく、おろかなり――私の惚れた「江戸」』（二〇〇九年　ちくま文庫）

「江戸の恋愛学」「夕暮れ前に蕎麦前を楽しみたい、江戸前の蕎麦屋」――『お江戸風流さんぽ道』（二〇〇五年　小学館文庫）

「江戸の色男」「美女列伝」「意匠（デザイン）」――『一日江戸人』（二〇〇五年　新潮文庫）

「龍」――『百日紅（上）』（一九九六年　ちくま文庫）

●「くらしの形見」収録品

所蔵＝鈴木雅也、鈴木弘子

●図版クレジット

〔1、3〜8〕筑摩書房／〔2〕河出書房新社／〔9〕Kodansha・アフロ／〔10〜19〕鈴木雅也、鈴木弘子

MUJI BOOKS 人と物 11

杉浦日向子

2019年7月1日　初版第1刷発行

著者　杉浦日向子
発行　株式会社良品計画

〒170-8424
東京都豊島区東池袋4-26-3
電話 0120-14-6404（お客様室）

企画・構成　株式会社良品計画、株式会社EDITHON
編集・デザイン　櫛田理、広本旅人、土田由佳、佐伯亮介
協力　鈴木雅也、鈴木弘子
印刷製本　シナノ印刷株式会社

ISBN978-4-909098-21-4　C0195

MUJI BOOKS

ずっといい言葉と。

少しの言葉で、モノ本来のすがたを
伝えてきた無印良品は、生まれたときから
「素」となる言葉を大事にしてきました。

人類最古のメディアである書物は、
くらしの発見やヒントを記録した
「素の言葉」の宝庫です。

古今東西から長く読み継がれてきた本をあつめて、
MUJI BOOKSでは「ずっといい言葉」とともに
本のあるくらしを提案します。